创新驱动发展
空间要素与格局

湖北省规划设计研究总院有限责任公司◆编著

华中科技大学出版社
http://press.hust.edu.cn
中国·武汉

图书在版编目(CIP)数据

创新驱动发展：空间要素与格局/湖北省规划设计研究总院有限责任公司编著.
—武汉：华中科技大学出版社，2023.9
ISBN 978-7-5680-5597-0

Ⅰ．①创… Ⅱ．①湖… Ⅲ．①区域经济发展－研究－湖北 Ⅳ．①F127.63

中国国家版本馆CIP数据核字(2023)第109401号

创新驱动发展：空间要素与格局　　　　　湖北省规划设计研究总院有限责任公司　编著
Chuangxin Qudong Fazhan: Kongjian Yaosu yu Geju

策划编辑：易彩萍	
责任编辑：易彩萍	
封面设计：原色设计	
责任监印：朱　玢	
出版发行：华中科技大学出版社（中国·武汉）	电话：(027)81321913
武汉市东湖新技术开发区华工科技园	邮编：430223
录　　排：华中科技大学惠友文印中心	
印　　刷：湖北金港彩印有限公司	
开　　本：710mm×1000mm　1/16	
印　　张：15.25	
字　　数：225千字	
版　　次：2023年9月第1版第1次印刷	
定　　价：98.00元	

本书若有印装质量问题，请向出版社营销中心调换
全国免费服务热线：400-6679-118　竭诚为您服务
版权所有　侵权必究

《创新驱动发展：空间要素与格局》
编辑委员会

主　　编：陈　涛

执行主编：位　欣

编写人员：吴　思　王　欠　邹　鹏　刘晨阳

　　　　　陈亚军　黄婷婷　张　媛　郑　重

　　　　　万　雯　张逸夫　郭亦欣

前言
PREFACE

党的十八届三中全会以来，党中央统揽全局，强化顶层设计，出台了《深化科技体制改革实施方案》《国家创新驱动发展战略纲要》等一系列重要文件，搭建起科技体制改革的"四梁八柱"。近年来，我国持续贯彻新发展理念，加快推进科技自立自强，全社会研发经费支出从一万亿元增加到二万八千亿元，居世界第二位，研发人员总量居世界首位。基础研究和原始创新不断加强，一些关键核心技术实现突破，战略性新兴产业发展壮大，我国已进入创新型国家行列。党的二十大指出，教育、科技、人才是全面建设社会主义现代化国家的基础性、战略性支撑。必须坚持科技是第一生产力、人才是第一资源、创新是第一动力。创新成为引领发展的第一动力。

湖北省 2020 年区域综合科技创新水平指数排名居于中部地区第一位，进入全国科技创新水平的"第一方阵"。2022 年，经报国务院审核同意，科技部、国家发展和改革委员会联合批复武汉具有全国影响力的科技创新中心建设总体部署，支持武汉建设具有全国影响力的科技创新中心，是继北京、上海、粤港澳国际科创中心和成渝区域科创中心之后，国家在区域创新上的又一个重大战略布局。湖北省创新发展深度融入国家创新体系，进入了全新的发展阶段。

湖北省第十二次党代会提出，湖北要加快建设全国构建新发展格局先行区，首要目标就是创新发展迈上新台阶，并提出要加快建设全国科技创新高地，尤其要在全省范围内完善和优化创新体系，强化科技创新策源功能和战略科技力量培育。湖北省创新空间格局直接影响着不同层级的创新中心、创新走廊和创新节点的布局与资源要素的配置，对全省创新体系构建有决定性影响。

作为一家长期耕耘湖北省的规划咨询机构，湖北省规划设计研究总院广泛参与了省、市、县多个层级的空间性规划和多种类型的战略咨询，本书是建立在全省多层级城镇空间分析和创新要素分析基础上的研究成果，具有一定的综合性和指导性。

本书共分九个章节。第一章和第二章为背景与思路介绍，旨在认识并梳理创新发展的理论背景；第三章和第四章重点厘清全省创新要素分布和创新空间布局特征，诊断当前创新空间存在的问题；第五章为案例研究与借鉴，广泛吸收国内外先进经验并指引方向；第六章围绕全省发展目标提出省级创新发展战略；第七章为核心章节，提出构建与全省城镇空间发展格局相匹配的创新空间格局；第八章和第九章针对支撑全省创新空间格局的重点找寻工作抓手和落脚点，为湖北省创新空间格局构建指明实施方向。

期待通过本书的出版，让同行们能有所获益，敬请广大读者批评指正并探索交流。

课题组全体成员

目录

第1章 研究概述   001
1.1 研究背景   002
1.2 研究意义   004
1.3 文献综述   006

第2章 研究方法与思路   009
2.1 研究目标   010
2.2 研究内容   011
2.3 研究方法   012
2.4 研究思路   013

第3章 湖北省创新要素与创新空间现状特征   015
3.1 数据来源   016
3.2 湖北省创新要素现状概况   019
3.3 湖北省创新建设与创新能力   052

第4章 湖北省创新格局的时空演变   065
4.1 湖北省创新要素发展演变   066
4.2 省：湖北省域创新能力波动上升   070
4.3 市：湖北省城市创新能力提升   077
4.4 县：湖北省县（市、区）创新能力演变   087
4.5 湖北省创新格局现状特征   133
4.6 湖北省创新发展阶段判断   137

第 5 章　案例研究与借鉴　　147

5.1　国际区域协同创新体系建设经验借鉴　　148

5.2　国内区域协同创新体系建设经验借鉴　　155

5.3　省域创新空间格局建设经验借鉴　　162

5.4　对于湖北省创新空间格局构建的启示　　167

第 6 章　湖北省创新发展目标与战略　　173

6.1　湖北省创新发展目标要求　　174

6.2　湖北省创新空间格局要求　　178

6.3　湖北省创新空间优化发展战略　　187

第 7 章　湖北省创新空间格局构建　　191

7.1　湖北省城镇发展格局　　192

7.2　湖北省创新空间格局　　193

7.3　湖北省创新格局发展建议　　195

第 8 章　湖北省创新要素引导与创新功能提升　　205

8.1　围绕特色产业布局创新空间，促进产创融合　　206

8.2　链接创新资源与产业需求发展联合创新，
　　激活优质创新资源　　206

8.3　注重培育多维度、多层级的创新平台，完善创新体系　　207

8.4　增补创新型城市、县（市）考察梯队，厚植创新土壤　　207

第 9 章　湖北省科技创新信息平台搭建　　209

9.1　案例借鉴　　210

9.2　湖北省数字创新空间平台建设建议　　213

9.3　本书研究分析基础数据展示　　214

附录 A　湖北省创新空间格局规划图　　229

参考文献　　230

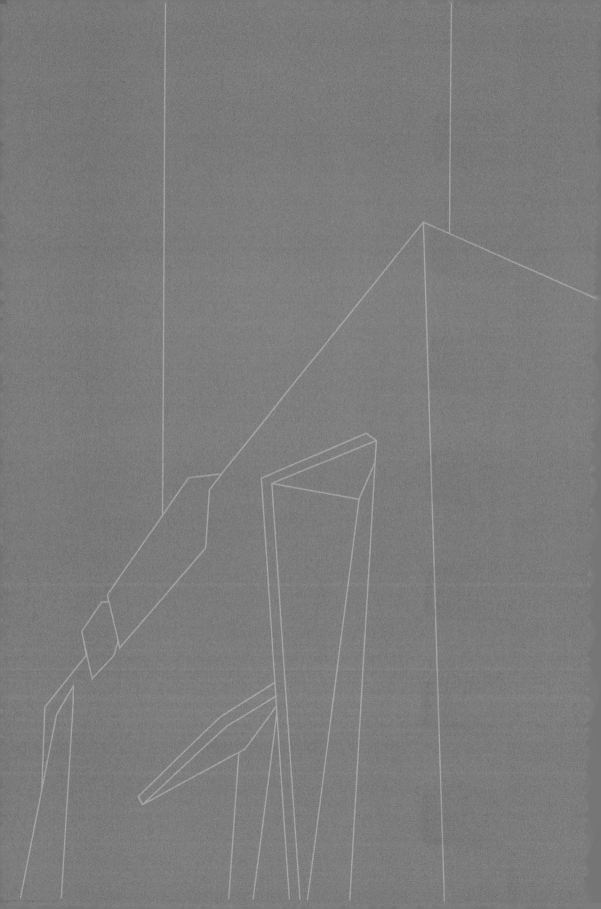

第1章
PART 1

研究概述

1.1 研究背景

1.1.1 推进武汉建设具有全国影响力的科技创新中心和湖北科技强省是国家区域重大战略布局

创新功能建设是实现区域高质量发展的重要途径，湖北省正处于区域创新发展的机遇期。2021年6月23日，鄂、湘、赣三省科技部门在武汉签署协议，合力打造长江中游城市群协同创新共同体。2022年6月18日，中共湖北省委书记王蒙徽在湖北省第十二次代表大会上提出"把创新摆在更加突出的位置"。2022年6月25日，科技部副部长邵新宇在加快推进武汉具有全国影响力的科技创新中心建设暨湖北省科技创新大会上表示"支持武汉建设具有全国影响力的科技创新中心"，并传达了国家布局建设武汉成为具有全国影响力的科技创新中心的有关意见。2022年7月8日，中共中央总书记习近平在武汉市调研时强调，科技自立自强是国家强盛之基、安全之要。2022年7月14日，加快推进武汉具有全国影响力的科技创新中心建设暨武汉市科技创新大会举行，武汉市进一步深入研究建设具有全国影响力的科技创新中心的发展思路与路径。

值此发展阶段，湖北省开展面向创新发展与创新建设需求的研究，有助于创新支持政策制度的构建，有助于省域创新发展工作的开展，有助于湖北省抓住创新发展的机遇。

1.1.2 湖北省科技创新水平进入全国"第一方阵"，但短板突出

2020年，湖北省区域综合科技创新水平指数全国排名第8位，居中部第1位，进入全国科技创新水平的第一方阵，基础研究竞争力位居全国第6位，全省科技

进步贡献率达 60.33%。科技对产业转型升级的支撑作用更加凸显。2017—2021 年，全省高新技术产业增加值占 GDP 的比重由 16.26% 增至 20.63%，提高了 4.37 个百分点；高新技术企业数量由 5369 家增至 14560 家，增长 171.2%。但是湖北省科技创新发展仍存在一些短板和瓶颈，如：中心城市科技创新引领辐射能力不强；武汉市经济外向度和创新国际化水平不够高，在带动省内、辐射省外、融入全球科技创新方面作用发挥不够；国家实验室、高水平实验室、重大科技基础设施建设等高层次科技创新平台存在明显不足，与先进发达省市还有较大差距；企业创新主体中高新技术企业数量总体偏少，规模以上工业企业中高新技术企业仅占 41%。

1.1.3　湖北省出台了系列文件支持科技创新发展

为塑造湖北在全国科技创新版图中的领先地位，湖北省提出将着力打造"221"区域创新布局，全力争创武汉具有全国影响力的科技创新中心和湖北东湖综合性国家科学中心；加快推进襄阳、宜昌两个区域性科技创新中心的建设；高标准建设以东湖科学城为核心区域的光谷科技创新大走廊。2021 年 8 月，湖北省出台了"1+4"系列文件指导科技创新工作的开展。"1"，即由省委、省政府出台的《关于加快推进科技强省建设的意见》，为推进科技强省建设的指导性文件。"4"，即聚焦人才发展激励、科技成果转化、财税金融支持、土地资源配置 4 个方面制定配套政策措施：《关于加强人才发展激励促进科技创新的若干措施》《关于促进科技成果转化的若干措施》《关于支持科技创新的若干财税金融措施》《关于国土空间规划和自然资源要素服务科技创新发展的若干措施》。为贯彻落实省委省政府建设创新强省的重大决策部署，特编制《光谷科技创新大走廊发展战略规划（2021—2035 年）》，指导科技创新工作落地落实。

1.2 研究意义

1.2.1 创新空间格局研究是构建湖北省新发展格局先行区的有力抓手

构建新发展格局是发展方式的重大变革，是发展战略路径的深刻调整，对湖北省是一次系统性、重塑性的战略机遇。湖北省提出了"科技创新策源功能显著增强，产业基础再造和产业链提升稳步推进，产业体系核心竞争力明显提高，加快建设全国科技创新高地、制造强国高地、数字经济发展高地、现代农业基地和现代服务业基地"的发展目标，产业高地、基地的建设都离不开科技创新的技术支撑。创新空间格局研究系统性地对创新要素的分布模式和规律进行研究，为构建各具特色的区域创新高地提供研究支持。为实现湖北省制造强国高地、数字经济发展高地、现代农业基地和现代服务业基地建设的重要空间指引。

1.2.2 创新空间格局研究能为完善湖北省创新功能体系建设的配套措施提供技术支持与参考

湖北省科技创新要素密集布局，但技术创新转化效率有待提升。武汉集聚了全省科技创新的绝大部分资源，光谷是全国三大智力密集区，聚集了4名诺贝尔奖得主、68位中外院士，但支撑科技创新孵化、转化的职能较为短缺，难以满足城市创新外溢的需求，武汉市作为省域创新策源地的功能未能完全实现。而宜昌、襄阳等各级中心城市科技创新多数职能只满足了自身市区的产业创新需求，对周边地区的知识外溢和创新辐射不足，部分中心城市"创新集散"功能运行良好，部分中心城市成了"创新孤岛"。因此，城市创新等级与职能需要引导。

同时，湖北省城镇发展格局与创新空间格局之间需要有效的衔接。本书研究拟建立创新发展规律和城市空间发展规律间的逻辑"嫁接点"，以创新空间为重要"连接点"，统筹协调创新空间内生与外溢功能，抓住创新战略落实的关键空间，按照"强核引领、壮圈带群，协同联动"思路，构建湖北省全域创新空间格局，优化配置创新要素合理布局，实现创新资源高效利用。

创新要素空间数据有助于观察创新要素的配置与利用情况。湖北省的绝大多数优质创新要素与资源集中在武汉，以武汉为中心的创新产业、创新平台等呈现集聚态势，创新核心区域主要集中在武汉、黄石、黄冈、鄂州、咸宁，5市以全省1/5的国土面积、40%的人口，创造了50%以上的经济总量和财政收入。但从经济能级看，与国内先进的广深科创走廊相比，人口总量是其1/2，GDP是其1/4，人均GDP是其2/3，存在一定差距。与国际先进的美国硅谷科创走廊相比，人均GDP是其1/8，差距更大。从空间发展来看，光谷科技创新走廊上沿线城市发育程度较低，连绵成带程度有待进一步提升。为了有效指导创新空间发展，省委省政府已将构建光谷科技创新大走廊上升为省级战略，编制了《光谷科技创新大走廊发展战略规划（2021—2035年）》。相比而言，以宜荆荆都市圈、襄阳都市圈为核心的创新空间还处于起步阶段，发育程度较低，创新发展定位不够清晰，创新要素发展指引还未成体系，亟须完善全省创新空间格局，明确现状问题症结所在，提出发展路径，制定符合城市发展与创新驱动紧密结合的政策。

1.3 文献综述

1.3.1 国外创新空间研究

国外关于创新空间的最早研究是对斯坦福工业园规划和建设的研究,此后,通过政府规划促进区域科技发展的思路被继承和推行到世界各地。

近年来,国外关于创新空间的研究主要偏向于简要分析或论述世界各国科技园区的发展经验。美国曼纽尔·卡斯特尔(Manuel Castells)和英国彼得·霍尔(Peter Hall)合著的《世界的高技术园区:21世纪产业综合体的形成》是国外早期研究创新空间的著作,并产生了巨大的影响力。Jaffe和Herdenson通过研究美国的专利分布,发现专利产出来自大城市的比重高达92%。Feldman通过研究美国研发中心的地区分布,发现创新活动大多数聚集在沿海地区。James Simmie对英国东南部创新企业集聚区的研究成果进行研究,发现来自全国性大学和当地大学的研究成果产出比重最低分别为33%和6%,最高分别可达39%和8%。Simmie探讨了创新与地理之间的关系,认为创新具有很强的空间聚集特征。Michael Fritsch等探讨了大学作为知识来源对区域创新活动的影响,发现大学的研究强度和质量对区域创新产出影响较大,大学的规模大小并不重要。Maureen McKelvey等对亚洲国家和企业创新空间进行研究,深入分析了亚洲创新空间的分布规律与模式以及亚洲创新如何影响全球创新。

1.3.2 国内创新空间研究

高新技术园区是我国技术创新研究最早的研究对象。我国学者多以城市、产业为单元来研究创新空间布局演变规律、创新发展阶段与创新空间网络联系等。

2000年以前，创新空间多以高新技术园区为研究对象。从国内研究来看，魏心镇、王缉慈等结合国内外实际情况，首次运用经济地理学观点研究高技术产业及其开发区的发展与布局。顾朝林等所著的《中国高技术产业与园区》是我国早期关于创新空间研究的著作，该书研究了我国改革开放背景下的高技术产业与园区的形成与演化等。

2000—2010年，学者多以都市区、城市群为创新空间研究对象。欧阳梅娥认为在知识经济和信息时代，新技术导致新的产业出现，而新产业要求有与之相应的空间格局。廖天佑从空间视角分析大都市区的创新空间结构，认为形成创新空间完整的创新价值链的重要组成部分包括总部经济区、IT市场区、高教园区和经济开发区。周密利用数据包络分析方法，测度我国30个省（市、区）的科技资源变量，发现我国目前已经形成了京津冀、珠三角、长三角三个创新极化区，其结构分别为单极结构、双极结构和三极结构。魏守华等研究了我国创新资源的空间分布特点，结果表明区域优势制造业与创新资源的空间分布匹配程度很高。这与国外学者Feldman等人研究美国得到的结果基本相同。

2010年以后，聚焦在创新空间网络联系的研究，其研究手段与方法趋于计量方法与大数据有机结合。郭建科等研究创新空间和创新型城市的关系得出城市创新空间网络的基本模式。王春杨和张超用探索性空间分析方法，研究我国创新区域的空间差异，发现我国区域创新集聚特征显著且呈不断增加的趋势。丛海彬等利用地理探测器等多种研究方法，对浙江省区域创新平台空间分布特征及影响因素进行研究。杜德斌、何舜辉等撰写的《全球科技创新中心的内涵、功能与组织结构》对全球科技创新中心进行了归纳研究。郭细根运用ArcGIS软件结合数量统计分析等多种方法，在省域、城市群和城市多重尺度下研究了 676 家国家创新型试点企业的空间分布特点与影响因素。

总体而言，目前对湖北省创新空间的研究成果较少。赵东系统梳理了湖北发展众创空间推进创新创业的实践。骆康采用熵权法测度 2004—2016 年湖北科技创新资源集聚能力并分析其空间相关性，构建空间杜宾模型（Spatial Dubin Model，SDM）对科技创新资源集聚能力的空间溢出效应进行分析。王烨等基于专利数据的武汉市创新活动空间分布特征进行研究。刘亮以湖北省 13 个市州为对象构建区域创新的空间关联网络，解析它们之间技术创新的空间联系。

1.3.3 研究述评

目前学术界把创新空间作为一个独立的学术概念进行研究的文献较少。随着创新空间不断涌现及国内外学者的深入研究，许多学者关注到创新空间的地理区位特征，但从地理空间的视角来研究创新空间的成果依然不多，仍待进一步探索如何从本质上研究这类新的空间形态的产生与发展。因此，本书以湖北省创新空间格局为研究对象，便于分析创新空间分布特点，了解其形成发展规律，促进创新空间布局优化。

第 2 章
PART 2

研究方法与思路

2.1 研究目标

2.1.1 总结创新空间分布特征，分析创新要素发展演变规律

为落实国家及省级创新战略布局，推进创新链与产业链协同发展，瞄准武汉市建设"国家科技创新中心"和"湖北东湖综合性国家科学中心"目标，整合了全省科技创新要素信息，重点对国家重点实验室、国家高新区、高新技术企业、国家级众创空间、省级高新区等创新要素进行空间分布特征分析，按照各创新要素时间演变和空间变化规律，分析湖北省创新空间布局发展演变规律。

2.1.2 构建省域创新空间格局，统筹核心创新要素发展

审视现有的创新空间形态、功能和场所承载创新活动的效率与效果，以创新系统组织与作用方式为基础，重点对创新核心、创新枢纽、创新节点、创新轴带、创新区域等进行梳理，形成点、轴、面相结合，城市规模效益与创新能力相互关联的网络密布的创新空间格局，促进产业链与创新链融合发展。

2.1.3 梳理省域创新空间数据库，管理与引导创新要素发展

着重对创新空间数据进行规范，明确数据构架、数据属性表等相关格式要求，在确保数据安全的基础上重点对已成熟的各类创新要素数据进行空间点位控制，实现创新要素和创新空间格局的可视化展示。后期将打通多部门数据进行实时年度数据更新，认知与监测湖北省创新格局演变，对标湖北省科技"十四五"发展目标，按照"一地一表"的形式，从区域协同创新格局、创新载体规划布局层面描绘湖北省科技创新发展蓝图。

2.2 研究内容

2.2.1 分析湖北省科技创新发展现状概况与短板

系统梳理湖北省科技创新近年来取得的重大进展，总结湖北省科技创新在全国的占比，明确目前湖北省与重点城市科技创新水平现阶段的国际及国内创新定位，结合湖北省科技创新资源禀赋及产业发展实际情况，与国内先进省份及同类城市进行比对，找准湖北省目前创新能力的"短板"，在下一阶段更好地发挥科技创新在社会经济发展中的支撑引领作用，从而服务于湖北省构建新时期区域创新布局。

2.2.2 明确湖北省创新发展定位与要求

分析各类创新要素现状总量概况，解析湖北省在全国科技发展中的优劣势，紧扣"围绕产业链部署创新链，围绕创新链布局产业链"，推动创新资源与产业布局匹配协调，找准湖北省科技创新的定位与特色，找出湖北省科技创新的突破点和空间安排的重点部署。

2.2.3 分析湖北省创新要求现状空间分布特征

将创新要素进行"点、线、面"归类，重点分析湖北省创新要素（创新主体、创新要素、创新平台）等空间分布特征与时间演变规律，认识湖北省创新空间格局演变情况与现状空间分布特征，运用因子加权与要素叠加的方法，通过空间可视化分析手段，识别现状创新空间分布数量特色、空间地域分布特征、空间集聚分布特征等。

2.2.4 构建新时期湖北省创新空间发展格局

以产业创新为突破点，重点对湖北省六大战略性新兴产业和五大未来产业空间进行研究，厘清创新要素"点、线、面"空间集聚特点，进一步细化湖北省构建"221"区域创新布局，总结归纳出新时期湖北省创新空间发展格局。描绘湖北省创新发展蓝图，让区域创新主体发展有"路"可循。

2.2.5 提出湖北省创新空间发展的建议

针对构建湖北省创新空间格局的关键性要素，如创新核心区、创新轴带、创新集聚区等，提出新时期创新发展路径与创新发展关键问题等，助力湖北省创新空间发展蓝图实现。

2.3 研究方法

1. 文献案例研究法

通过文献研究，寻找学术界应用较为广泛的创新理论，选取契合湖北省创新发展阶段与发展实际的创新理论知识；通过政策文件解读，整理湖北省创新空间相关发展要求；剖析国内外广泛作为研究对象的创新密集区域，总结地区创新发展格局构建的考虑因素，为湖北省域创新空间格局提炼提供参考；结合课题组规划实证经验优势，提炼不同创新密集地区创新发展发展路径，为湖北省省域创新能力提升提供发展路径参考。

2. 多源数据分析法

开拓数据获取思路，通过统计与科技部门年鉴等获取传统统计数据，通过科技一网通获取开源管理数据，通过知识产权局专利数据与技术转移数据等创新产出与转化新数据，横向对比其他创新密集区域，以创新网络分析框架分析数据，作为研究分析基础。数据分析结果主要用于辅助判断湖北省省域创新发展阶段、提炼湖北省现状创新空间格局、支撑湖北省规划创新空间格局构建。

3. 系统科学分析法

本研究数据来源庞杂而广泛，研究内容丰富而烦琐，研究方法综合了经验直觉与科学分析，需要通过系统思维整合零散证据，凝聚不同的分析内容整合为整体，聚焦特定方向或领域来发现问题，从而有效提高研究结果的有效性和实用性。

2.4 研究思路

本课题按照分析对象与目的的不同，主要以三条系统分析主线推进整体研究（图2-1）。通过综合数据分析法，系统科学分析省市县创新能力、创新要素空间布局、创新空间时空演变，形成湖北省创新空间现状与格局；通过横向对比研判湖北省现状创新定位与阶段，通过政策文件解读提炼湖北省创新空间发展总体要求与格局要求；以各类权威创新评价结果，判断湖北省与武汉市国际及国内创新定位，借鉴国内外创新优势地区创新格局构建与发展路径选取经验，结合湖北省发展实际形成对湖北省创新发展的启示。

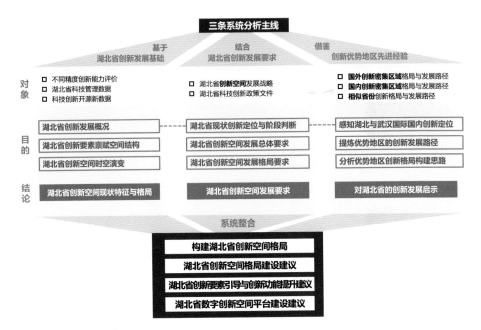

图 2-1　研究思路示意图

最后，基于湖北省创新发展基础，结合湖北省创新发展要求，借鉴创新优势地区先进做法，系统整合从而构建湖北省创新空间格局并形成针对空间格局、创新要素、数字创新湖北的相关建设建议。

第 3 章
PART 3

湖北省创新要素与
创新空间现状特征

3.1 数据来源

3.1.1 创新指数排名与创新能力评价

国内外与湖北省关于创新发展相关的研究极其丰富，本书汇总学术界与实证应用中使用较多、相对权威的创新研究，并结合研究需求采用合适的研究结果，以其研究结果为基础，客观评价湖北省省域创新能力，认识湖北省现状创新格局。

本书需要面向湖北省全域创新发展，从多维度、多层级的各类评价报告中，选取分析维度全面、覆盖面广的分析结果，最终在省、市、县各个层级分别采用了中国科技发展战略研究小组与中国科学院大学中国创新创业管理研究中心发布的《中国区域创新能力评价报告》，中国社会科学院支持并由首都科技发展战略研究院主编的《中国城市科技创新发展报告（2021）》，省发改委、统计局组织开展的县域经济考核中的科技创新指数 3 个评价分析，参考国际权威组织世界知识产权组织（World Intellectual Property Organization，WIPO）对国家创新能力与创新区域的排名与权威机构 2thinknow 对创新城市能力的评价与排名，从而形成不同空间尺度下，针对湖北省重要城市、县域创新能力与排名情况的基本认知（表3-1）。

表 3-1　本报告所采用的省、市、县级创新指数与排名数据来源汇总表

应用层级	数据名城	数据精度	是否采用
国家	国家统计局社科文司《中国创新指数研究》	全国	否
	世界知识产权组织《全球创新指数》	世界各国家、世界创新区域	参考

续表

应用层级	数据名城	数据精度	是否采用
省	中国科技发展战略研究小组《中国区域创新能力评价报告》	省域	是
	北大国发院《中国区域创新创业指数构建与空间格局》	省域	否
区域	清华大学《国际科技创新中心指数 2021》	50 个国际创新区域	否
城市	2thinknow《全球城市创新指数》	城市，国际	参考
	首都科技发展战略研究院《中国城市科技创新发展报告（2021）》	城市，国内	是
	上海市经济信息中心《全球科技创新中心评估报告 2021》	全球 150 个创新城市	否
	赛迪顾问《中国城市科技创新指数报告》	城市	否
城市	复旦大学、第一财经《中国城市和产业创新力报告》	城市	否
	科技部《国家创新型城市创新能力评价报告2021》	全国 72 个创新型城市	否
	湖北省自然资源厅"城市体检工作"	湖北省全域	否
县级	湖北省发改委、湖北省统计局《湖北省县域经济评价》	湖北省 103 县（市、区）	是

3.1.2　湖北省科技管理开源数据与科技创新开源新数据

1. 湖北省科技管理数据

2021 年 5 月，湖北省科技厅整合科技管理服务、科技创新资源共享、科技相关政策推广功能，上线湖北科技一网通门户网站。本书主要结合高德开放平台 API 地理编码功能，将湖北科技一网通科技资源功能模块数据落到地理空间上，作为湖北省创新要素空间分布数据基础的重要组成部分。创新要素数据类型主要包括创新主体、科技平台、创新园区等（图3-1）。

图3-1　湖北省科技一网通科技资源数据框架图
（数据来源：湖北科技一网通数据框架）

2.科技创新开源新数据

专利、论文、技术转移等开源新数据是认知区域创新网络常用的分析数据，本书主要以湖北省专利与专利转移数据作为湖北省现状创新网络认知数据的基础。专利数据主要通过佰腾网自行爬取、清洗与处理，技术转移数据采用已有的创新地理学研究公开发布的 1985—2019 年数据集。

3.2 湖北省创新要素现状概况

英国埃塞克斯大学商学院创业创新专家李俊博士认为创新三要素分别指技术、人才和包容（即"3T"要素）。技术是创新型经济的载体和标志，也是创新型人才的创造成果；人才是创新、技术进步的动力；包容性文化和激励机制则有利于实现人尽其才。根据潘霄纯的《创新理论》可知，创新要素是指与创新相关的资源和能力的组合，即支持创新的人、财、物，以及将人、财、物组合的机制。

本书的创新要素主要是指技术、人才以及技术人才存在的空间载体，包括创新主体、创新园区与基地、创新型县市、创新产出等技术以及承载创新活动的创新平台和空间载体，不包括文化、政策环境和激励机制等方面内容。

3.2.1 要素概况

根据《中国科技统计年鉴2021》，湖北省科学研究与试验发展（research and development，R&D）经费支出、R&D 人员、众创空间数量、孵化器数量、高校数量在中部地区排名靠前，但高新技术企业数和创新产出没有明显的优势。湖北省创新要素体量与密度均与国内创新密集区域存在较大差距，与安徽省、四川省体量相当（表 3-2）。

表 3-2 2020 年湖北省主要创新要素数量与其他省份对比情况统计表

省份	R&D 人员/人	R&D 经费支出/万元	众创空间数量/个	孵化器数量/个	高校个数/个	引进技术经费支出/万元	国内三种专利申请数/个	国内三种专利授权数/个	国内三种专利有效数/个
湖北	294524	10052799.7	346	258	129	34764	163613	110102	322443
全国	7552985	243931123.3	8507	5971	2738	4599504	5016030	3520901	11236868
山东	518955	16818915.3	525	320	152	103050	337280	238778	662211
辽宁	171347	5490051.9	250	93	114	59307	86527	60185	196225
安徽	278822	8831832.6	252	216	120	29113	202298	119696	385211
河南	304602	9012741.8	286	182	151	14813	178585	122809	336969
四川	292729	10552846.1	258	192	132	47246	160036	108386	358830
重庆	166227	5267943.7	255	119	68	180425	83826	55377	187340
湖南	269908	8987001	282	108	128	53397	128573	78723	249721
广东	1175441	34798833.3	993	1104	154	2111485	967204	709725	2296261
江苏	914510	30059282.6	898	940	167	208183	719452	499167	1483781

（数据来源：《中国科技统计年鉴 2021》）

2020 年，湖北省 R&D 人员达 294524 人，占全国 R&D 人员的 3.9%，高于全国 34 个省级行政单元的平均水平，与安徽、河南、四川、湖南等省份规模相当，远远低于广东、江苏等东部发达省份（图 3-2）。

2020年，湖北省孵化器数量有258个，与山东、河北数量相当；有众创空间346个，与福建、山西、河南数量相当；有高校129个，与广东、湖南、山东、河南等数量相当，湖北省创新资源基础较好（图3-3）。

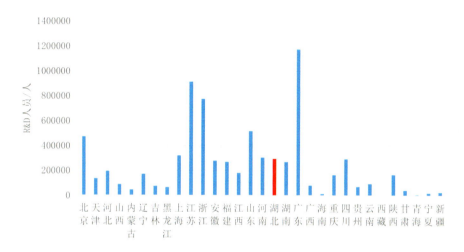

图3-2 湖北省R&D人员与其他省份对比图
（数据来源：《中国科技统计年鉴2021》）

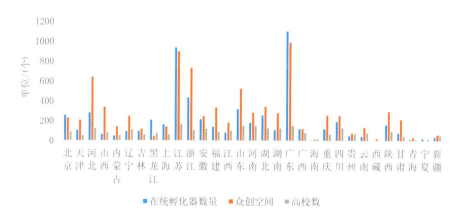

图3-3 湖北省孵化器、众创空间、高校数量与其他省份对比图
(数据来源：《中国科技统计年鉴2021》)

全国各地区 R&D 经费投入强度普遍逐年上升,湖北省 2020 年 R&D 经费投入占 GDP 的 2.31%,低于全国 2.4% 的平均值(图 3-4)。

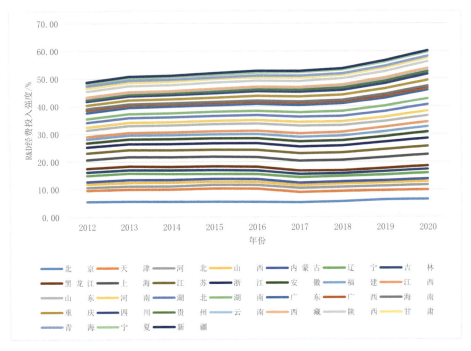

图 3-4　湖北省 R&D 经费投入强度与其他省份对比图
(数据来源:《中国科技统计年鉴 2021》)

2020 年,湖北省三种专利申请数、授权数、有效数分别为 163613 件、110102 件、322443 件,分别占全国专利总数的 3.26%、3.13%、2.87%,其中发明专利申请数达 47767 件,占全国发明专利申请总数的 3.55%。与安徽、福建、河南、四川等省份规模相当,但远远低于广东、江苏、浙江等东部发达省份(图 3-5)。

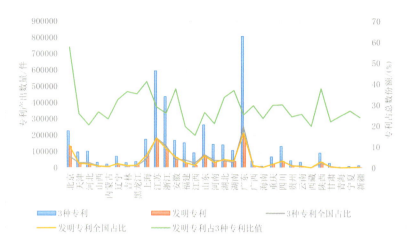

图 3-5　湖北省专利产出与其他省份对比图
（数据来源：《中国科技统计年鉴 2021》）

3.2.2　创新主体

1. 科技人才

科技人才是指有某种特殊科技特长的人，是掌握知识或生产工艺技能并有较大社会贡献的人，是在社会科学技术劳动中，以自己较高的创造力、科学的探索精神，为科学技术发展和人类进步做出较大贡献的人。科技人才包含面广，本书仅对院士和"三区"科技人才进行研究。

院士指在科学技术领域做出系统的、创造性的成就和重大贡献，热爱祖国，学风正派，具有中国国籍的研究员、教授或同等职称的学者、专家（含居住在香港、澳门特别行政区和台湾地区以及侨居他国的中国籍学者、专家）。增选院士每两年进行一次，分别由中国科学院和中国工程院评选出中科院院士和工程院院士。增选名额及其分配在保持基本稳定的前提下，由学部主席团根据学科布局和学科发展趋势确定。

湖北省共有院士 81 位,主要分布在武汉。工作单位主要为武汉大学、华中科技大学、武汉理工大学、华中农业大学、海军工程大学、江汉大学、中国农业科学院、长江勘测规划设计研究院等(图 3-6)。

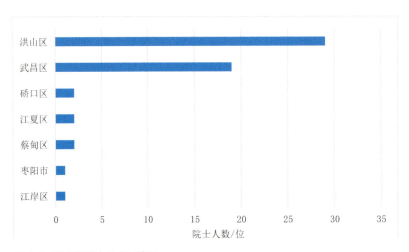

图 3-6 湖北省院士分布示意图

"三区"科技人才指加快建设边远贫困地区、边疆民族地区和革命老区(简称"三区")人才支持计划科技人员。湖北省"三区"科技人才每年由省科技厅制定选派指标,各受援县根据自身发展需要填写需求表,由市级汇总后上报省科技厅,省科技厅对上报征集的技术人才需求进行审核,并向社会发布人才需求榜招募具有中级专业技术职称以上的现代农业、工业、经济管理、服务业以及农村环保、信息化等行业科技人员,按有关要求自愿到受援地服务 1 年。各市、州、神农架林区科技局根据受理申请和审核情况,组织受援单位、科技人员和相关专家进行面试评选,确定合适人选与受援企业签订服务协议。若发布技术人才需求后,在规定的时间内无人揭榜,则由省科技厅负责协调相关科技人员到受援地开展服务。

湖北省共有"三区"科技人才 427 位。"三区"科技人才主要派往恩施、宜昌、十堰等市州以及英山县、麻城市等鄂西及鄂东山区县（市）（图 3-7）。

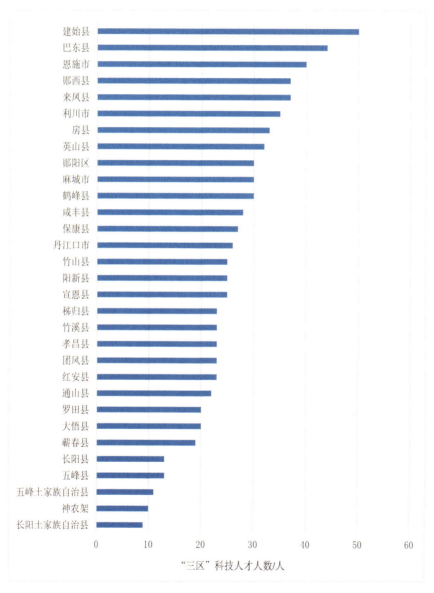

图 3-7　湖北省"三区"科技人才派驻地分布示意图

2. 科研机构

科研机构是指有开展研究工作的基本条件、有明确的研究方向和任务，有一定水平的学术带头人和一定数量、质量的研究人员，长期有组织地从事研究与开发活动的机构。包括国家研究院、大学的科研部门、事业科研所、民营科研机构、企业科研机构等。

高校泛指对公民进行高等教育的学校，是大学、学院、独立学院、高等职业技术大学、高等职业技术学院、高等专科学校的统称。高校在构建国家创新体系中发挥着创新型人才培养的基础作用、知识创新的主导作用和技术创新的支撑作用。湖北省共有高校129所，主要分布于武汉市、荆州市、十堰市、宜昌市（图3-8）。

3. 科技创新平台与机构

科技创新平台是指在一定区域范围内，以科技资源开放共享为核心，以促进科技成果的研发、转化和产业化为目的，集聚开展创新活动所必需的信息、知识、设备、人员、技术、政策等不可或缺的要素，通过产、学、研合作机制作用，形成的一个有利于提出原创性理念、进行研究开发、科技成果转化、收集创新信息、交流与扩散的共享平台。国家重大科技创新平台有国家重点实验室、国家（工程）技术研究中心、国家工程实验室、国家能源研发（实验）中心等。

重点实验室是科学与工程研究类科技创新基地，面向前沿科学、基础科学、工程科学等，开展基础研究、应用基础研究等工作，推动学科发展，促进技术进步，发挥原始创新能力的引领带动作用。重点实验室作为国家科技创新体系的重要组成部分，是国家组织高水平基础研究和应用基础研究、聚集和培养优秀科技人才、开展高水平学术交流、科研装备先进的重要基地。重点实验室是依托大学和科研院所建设的科研实体，实行人、财、物相对独立的管理机制和"开放、流动、联合、竞

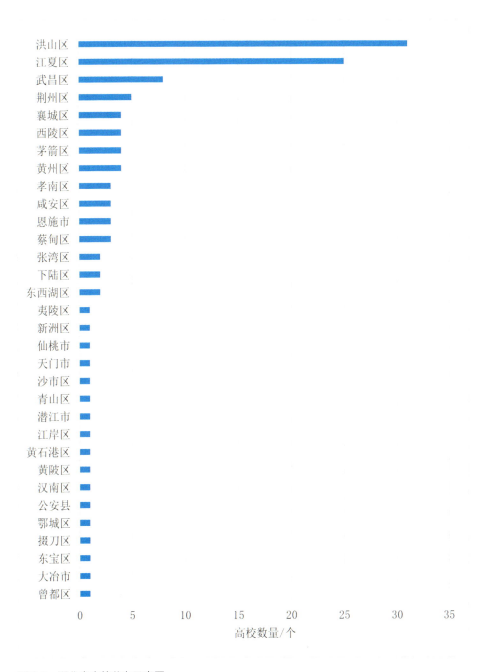

图 3-8　湖北省高校分布示意图

争"的运行机制。湖北省共有重点实验室 212 个，其中国家重点实验室 30 个，省级重点实验室 182 个。省级重点实验室主要分布于武汉市，少量分布于襄阳市、宜昌市、黄石市等地（图 3-9）。

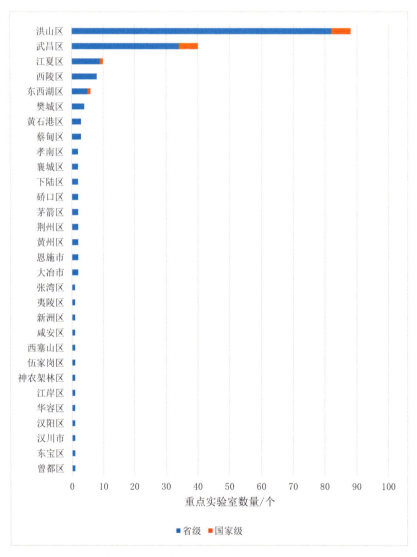

图 3-9　湖北省重点实验室分布示意图

专业型研究所（公司）指《湖北省新型研发机构备案管理实施方案》中 C 类新型研发机构，湖北省科技厅于 2020 年启动湖北省新型研发机构类型中"专业型研究所（公司）"的备案工作。专业型研究所（公司）是以国家级、省级科技创新平台或境外高水平研发平台为基础，由骨干科研人员以股权为纽带，吸引政府资金、投资基金和社会资本等参股，共同组建的民营或混合所有制的独立法人公司。主要功能为开展企业技术研发服务、促进科技成果转化、推动先进技术成果产业化应用及孵化科技企业等创新创业活动。湖北省共有专业型研究所（公司）10 个，主要分布于武汉市（图 3-10）。

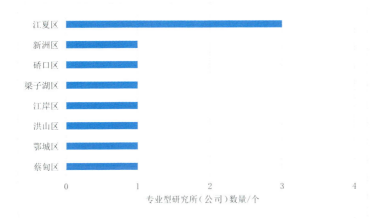

图 3-10 湖北省专业型研究所（公司）分布示意图

技术创新中心分为国家级和省级，是技术创新体系建设的重要组成部分，是推动技术创新与成果转化、引领产业发展的重要载体。技术创新中心是应对科技革命引发的产业变革，抢占产业技术创新制高点，突破涉及国家长远发展和产业安全的关键技术瓶颈，构建和完善国家现代产业技术体系，推动产业迈向价值链中高端的重要科技力量，对国家重点产业领域技术创新发挥战略支撑引领作用。湖北省共有省级技术创新中心 5 个，分别为湖北省家畜种业技术创新中心、湖北省动物疫病防控技术创新中心、湖北省绿色优质水稻技术创新中心、湖北省智慧水电技术创新中心、湖北省疫苗技术创新中心，全部分布于武汉。

产业创新联合体指充分发挥政府作为创新组织者的引导推动作用和企业作为技术创新的主体地位和主导作用，以关键核心技术攻关重大任务为牵引，由创新能力突出的优势企业牵头，政府部门紧密参与，将产业链上下游优势企业、科研机构和高等院校有效组织起来协同攻关的任务型、体系化的创新组织。湖北省每年一次进行产业创新联合体备案工作，2020 年为第一批。为进一步完善以企业为主体、市场为导向、产学研深度融合的技术创新体系，集聚各方优势资源，加快组建产业技术创新联合体，解决制约湖北省构建现代产业体系和"51020"现代产业集群发展"卡脖子"的关键共性技术问题，省科技厅印发《关于推进湖北省产业技术创新联合体建设的指导意见（试行）》（鄂科技发重〔2022〕11 号）的通知，以市场机制为纽带，推进构建领军企业牵头、高校院所支撑、各创新主体相互协同、产业链供应链上下融通的创新联合体，为全面提升湖北省自主创新能力和产业核心竞争力，推进科技强省建设提供有力支撑。

湖北省共有产业创新联合体 340 个，其中湖北省产业创新联合体有 10 个，其中 2020 年备案 4 个，2021 年备案 6 个；湖北省企校联合创新中心有 330 个，全部为 2020 年备案。湖北省产业创新联合体全部位于武汉市，湖北省企校联合创新中心主要分布于武汉市、襄阳市、宜昌市、十堰市、荆州市等地（表 3-3）。

表 3-3 湖北省产业创新联合体分布统计表

	数量/个	地区
湖北省专业型研究院	1~2	蔡甸区、鄂城区、洪山区、江岸区、梁子湖区、硚口区、新洲区
	2~4	江夏区

续表

	数量/个	地区
湖北省产业技术研究院	1~2	曾都区、东宝区、恩施市、樊城区、华容区、荆州区、梁子湖区、通城县、通山县、西塞山区、襄州区、汉阳区、洪山区、咸安区
	3~5	武昌区
	5~10	江夏区
省级临床医学研究中心	1~2	沙市区、伍家岗区、西陵区、樊城区、江岸区
	3~5	茅箭区
	5~10	洪山区、江汉区
	10~20	硚口区、武昌区

湖北省国际科技合作基地指经由湖北省科学技术厅按程序认定，在承担国际科技合作任务、促进湖北国际科技合作水平提升等方面发挥重要作用，在开放创新中具有引导示范作用的高等学校和科研院所、企业、创新服务机构、产业技术研究院（园区）等机构载体。湖北省国际科技合作基地的建立旨在更为有效地发挥国际科技合作在扩大科技开放与合作中的促进和推动作用，提升国际科技合作的质量和水平，发展"项目－人才－基地"相结合的国际科技合作模式，使国际科技合作基地成为利用全球科技资源、扩大科技对外影响力等工作中的骨干和中坚力量，并对领域或地区国际科技合作的发展产生引领和示范效果。

湖北省省级以上国际科技合作基地有138个，主要分布于武汉市、宜昌市、襄阳市、黄冈市、黄石市等地（图3-11）。

4. 创新企业

高新技术企业一般指在国家颁布的《国家重点支持的高新技术领域》范围内，持续进行研究开发与技术成果转化，形成企业核心自主知识产权，并以此为基础开

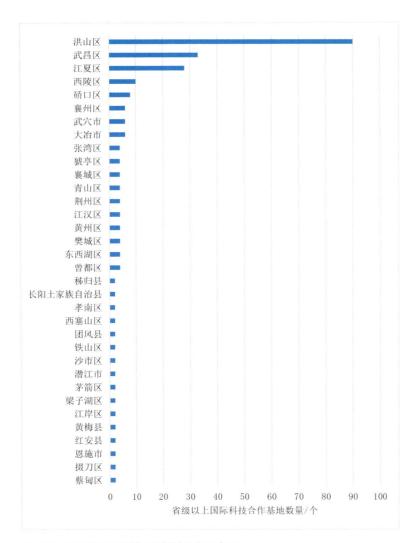

图 3-11 湖北省国际科技合作基地分布示意图

展经营活动的居民企业，是知识密集、技术密集的经济实体。每年年初科委会公布该年的高新认证时间，每年认证批次不等。认定周期一般是自受理起 3～5 个月，自从 2016 年最新修订印发的《高新技术企业新认定管理办法》执行后，一般在认定截止时间约 2 个月后公示，公示后 2 个月左右颁发高新技术企业证书，具体公示及领证时间以科委会实际颁布时间为准。通过认定的高新技术企业，资格自颁发证书之日起有效期为 3 年。经认定的高新技术企业，企业所得税税率降低 10%，可执行 15%（认定前 25%）的优惠税率。

近年来，省委、省政府把高新技术企业培育作为科技强省建设的重要抓手，省政府出台优化高新技术企业认定服务"十二条"，实施高新技术企业培育"十百千万"行动，省高新技术企业认定联席会议成员单位协同发力，各市州积极行动，广大企业踊跃申报，共同交出了一份亮眼的成绩单。湖北省高新技术企业在 2019 年总数为 7892 家，2020 年为 10400 家，2021 年达 14560 家，排名保持全国第七、中部第一。湖北省高新技术企业主要分布于武汉市、宜昌市、襄阳市、十堰市、黄石市等地（图 3-12）。

科技型中小企业指依托一定数量的科技人员从事科学技术研究开发活动，取得自主知识产权并将其转化为高新技术产品或服务，从而实现可持续发展的中小企业。2015 年中共中央办公厅、国务院办公厅印发的《深化科技体制改革实施方案》中提出"制定科技型中小企业的条件和标准、为落实扶持中小企业创新政策开辟便捷通道"，2017 年《政府工作报告》提到"科技型中小企业研发费用加计扣除比例由 50% 提高到 75%，千方百计使结构性减税力度和效应进一步显现"。为响应党中央、国务院关于促进科技型中小企业发展的决策部署，科技部、财政部、国家税务总局三部门在广泛深入调查研究的基础上，出台了《科技型中小企业评价办法》，统一了全国科技型中小企业的标准，对于落实科技型中小企业精准扶持政策、壮大科技型中小企业群体、用税收减法换"双创"新动能加法、培育经济发展新动能具有重大意义。

湖北省共有国家科技型中小企业 14124 家，全部为 2021 年入库登记，其中有 6141 家同时属于高新技术企业。湖北省国家科技型中小企业主要分布于武汉市、宜昌市、襄阳市、黄冈市、荆门市、荆州市等地（图 3-13）。

创新驱动发展：空间要素与格局

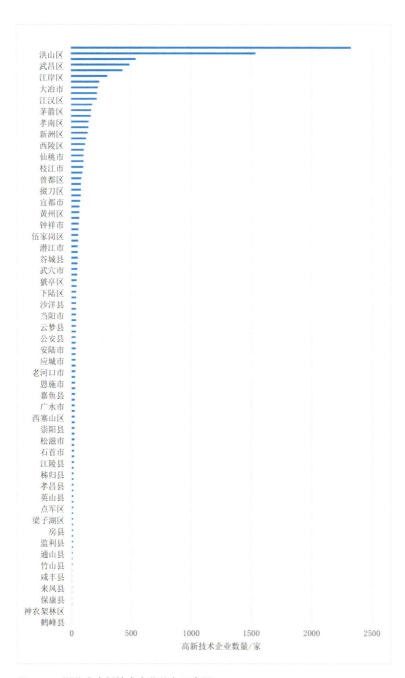

图 3-12　湖北省高新技术企业分布示意图

第 3 章 湖北省创新要素与创新空间现状特征

图 3-13 国家科技型中小企业分布示意图

技术先进型服务企业指从事技术外包、业务外包和知识外包服务的企业，包括信息技术外包服务（软件开发、信息技术开发和信息系统运营维护等外包）、技术性业务流程外包服务（企业业务流程设计、企业内部管理、企业运营和企业供应链等外包服务）、技术性知识流程外包服务。是国家为了扶持高端技术性服务业的发展，对从事技术外包、业务外包和知识外包服务的企业进行税收等多项政策支持的企业类型。

湖北省共有技术先进型服务企业 45 个，主要分布于武汉市（图 3-14）。

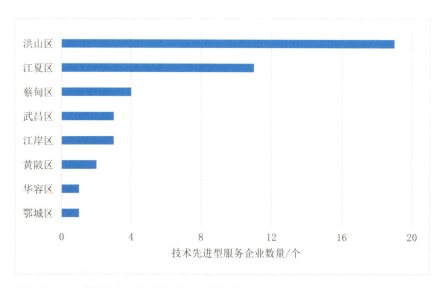

图 3-14　湖北省技术先进型服务企业分布示意图

湖北省"新物种"企业：新经济时代，信息成为企业生产要素，企业成长路线发生了很大的变化，不再是过去中小企业、大中型企业的成长形态，"瞪羚""独角兽""驼鹿"等"新物种"企业不断涌现。其中，"瞪羚"企业指创业后迈过"死亡谷"，以科技创新为支撑进入高成长期，增长速度在近三年保持 20% 的增长，在市场竞争中有较强竞争力的企业；"独角兽"企业指通过科技创新进入高成长期，综合效益突出，核心竞争力强，行业影响力大，在 10 年内估值超过 10 亿元的企业；"驼鹿"企业指在创业初期就爆发式增长、竞争优势突出，具有显著的行业带动能力，主导产品市场占有率位居全国同行业（细分）前列的企业。为大力实施创新驱动发展战略，加快推进科技强省建设，进一步优化全省科技企业创新梯队，湖北省科技厅着力培育一批新技术、新产业、新模式、新业态的科创"新物种"企业，2021年9月，湖北省科技厅发文启动科创"新物种"企业培育计划，负责全省"瞪羚""独角兽""驼鹿"科创"新物种"企业遴选入库工作，由湖北省高新技术发展促进中心建设湖北省科创"新物种"企业库。建设科创"新物种"企业库，入库的"瞪羚""独角兽""驼鹿"科创"新物种"企业有效期为三年，期满后，对照科创"新物种"企业的条件，重新遴选入库。

第一批入库湖北省科创"新物种"企业的有543个，其中"瞪羚"企业有527个，"独角兽"企业有3个，潜在"独角兽"企业11个，"驼鹿"企业2个。"独角兽"企业、潜在"独角兽"企业、"驼鹿"企业位于武汉市，"瞪羚"企业主要分布于武汉市、襄阳市、宜昌市、鄂州市、十堰市、荆门市等地（图3-15）。

隐形冠军企业指不为公众所熟知，却在某个细分行业或市场占据领先地位，拥有核心竞争力和明确战略，其产品、服务难以被超越和模仿，在相关细分产品市场中，拥有强大的市场地位和较高市场份额，企业规模或单项产品销售收入居全球前10位，或国内前（含）5位，或全省前3位的企业。

为认真贯彻落实《中国制造2025湖北行动纲要》，引导企业专注于擅长的领域，走"专特新精"发展道路，推进传统产业转型升级和战略性新兴产业培育，促进产业迈向中高端，湖北省在2017年启动隐形冠军培育计划，包括隐形冠军示范企业、科技小巨人企业、培育企业三个梯度。各市、州经信委负责组织本地区企业的推荐申报工作，省经信委组织专家对推荐企业进行论证。省经信委每年对省级隐形冠军

■ 创新驱动发展：空间要素与格局

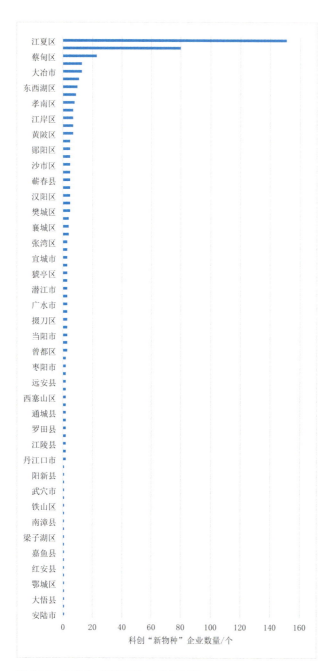

图 3-15 湖北省"新物种"企业分布图

企业巩固（培育）提升情况进行评估并实行动态管理。企业以 2 年为周期，视评估结果进行动态调整。对达不到相关要求的企业按程序撤销或降低层级；对达到要求的企业，公告保留称号；对培育企业达到示范企业标准的，公告为示范企业。

湖北省隐形冠军企业 5 个批次共公告示范企业 222 个，其中第一批次 46 个，第二批次 55 个，第三批次 59 个，第四批次 42 个，第五批次 20 个，主要分布于武汉市、黄石市、襄阳市、宜昌市等地（图 3-16）。

上云标杆企业指通过云服务、云技术在企业生产经营和管理等主要领域、主要环节的有效应用，带动生态圈企业"上云""用云"，共享云计算的便利，降低企业信息化建设应用成本，实现企业研发、创新、生产和管理水平大幅度提升，促进企业数字化转型升级的企业。入选企业可享受湖北"数字经济 13 条"专项奖励资金，对于工信部的国家级数字化试点示范项目，省经信厅将优先推荐上云标杆企业参与申报。

为发展数字经济，培育新增长点，湖北省自 2020 年 12 月起启动上云标杆企业申报工作，湖北省上云标杆企业共有 2 个批次，共 100 个企业，主要分布于武汉市、黄石市、襄阳市、宜昌市、十堰市、荆门市、荆州市等地。从上云标杆企业的地域分布看，武汉市有 15 家，宜昌市和襄阳市各有 12 家，黄石市有 7 家，荆门市、十堰市各有 6 家，荆州市有 10 家，鄂州市有 4 家，黄冈市有 9 家，孝感市有 5 家，潜江市、随州市各有 4 家，仙桃市、恩施州、天门市各有 2 家。从所属行业看，武汉市有 8 家企业集中在电子信息行业，襄阳市入选的 12 家企业中，有 7 家属于汽车行业，荆州市入选的 10 家企业有 4 家属于机械行业，其他地方入选企业以当地主导特色产业为主（图 3-17）。

专精特新企业指具有专业化、精细化、特色化、新颖化特征的工业中小企业，"专"是指采用专项技术或工艺通过专业化生产制造的专用性强、专业特点明显、

创新驱动发展：空间要素与格局

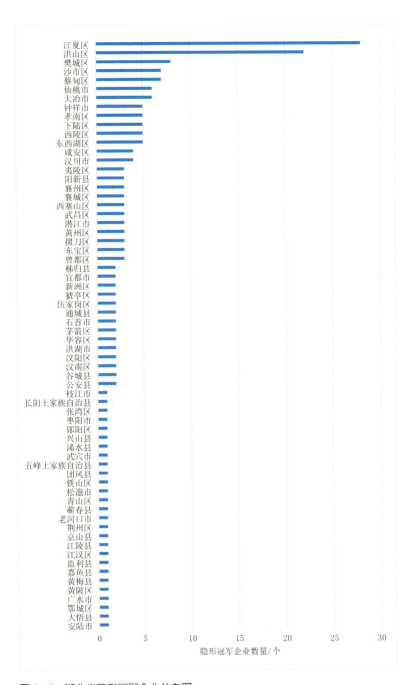

图 3-16　湖北省隐形冠军企业分布图

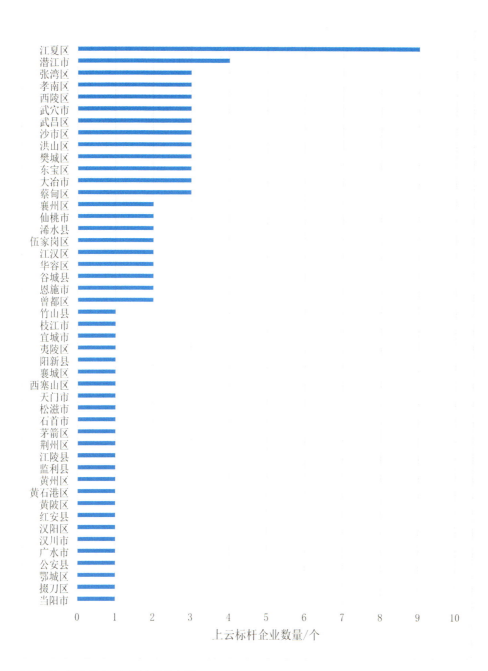

图 3-17　湖北省上云标杆企业分布图

市场专业性强的产品。"精"是指采用先进适用技术或工艺，按照精益求精的理念，建立精细、高效的管理制度和流程，通过精细化管理、精心设计生产精良产品。"特"是指采用独特的工艺、技术、配方或特殊原料研制生产具有地域特点或具有特殊功能的产品，其主要特征是产品或服务的特色化。"新"是指依靠自主创新，转化科技成果，联合创新或以引进、消化、吸收、再创新方式研制生产的，具有自主知识产权的高新技术产品。

按照"省级统筹、市州组织、自愿申报"的原则，每年一次由市、州经信部门会同财政部门，组织本市、州国家级专精特新"小巨人"企业开展申报，按要求进行合规性审核。根据市、州推荐上报的情况，省经信厅会同省财政厅开展合规性审核，确定上报国家两部门名单，并编制湖北省支持专精特新"小巨人"企业工作的实施方案，按程序联合上报两部门。根据两部门反馈的合规性审核意见，湖北省经信厅会同财政厅修改、完善工作实施方案，并按程序报送两部门审批，确定拟支持的重点"小巨人"企业名单及平台名单。

湖北省专精特新企业共有 2357 个，其中国家级有 172 个，省级有 2185 个，主要分布于武汉市、黄石市、襄阳市、宜昌市、十堰市、荆门市、荆州市、随州市、仙桃市等地（图 3-18）。

5. 创新服务机构

创新服务机构是技术扩散和成果转化的主要服务媒介。创新服务机构的主要职能是为大学、科研机构和企业之间的联系架构桥梁，为科技成果找市场、为企业找技术，通过技术交流、技术交易、技术转让实现科技成果的推广、扩散，最终实现科技成果的产业化。创新服务机构本身并不直接参与技术创新，主要是通过提供居间服务，对创新主体的创新活动起着重要的辅助和促进作用。通过集成

第 3 章　湖北省创新要素与创新空间现状特征

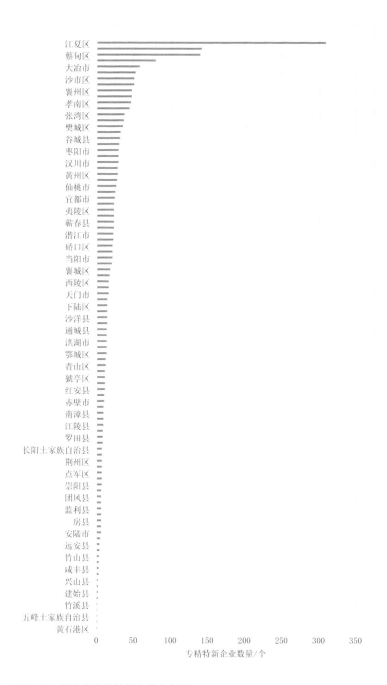

图 3-18　湖北省专精特新企业分布图

各大研究中心的资源，在行业协会的统一协调下，实现资源的共享，充分发挥各自独特的优势，最大限度地提高创新效率。

湖北省共有技术转移示范机构134个，主要分布于武汉市、襄阳市、宜昌市、十堰市等地（图3-19）。

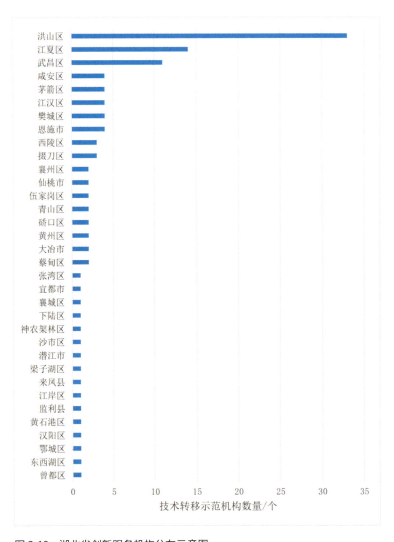

图3-19 湖北省创新服务机构分布示意图

3.2.3 创新园区与基地

高新技术产业开发区（以下简称高新区），指各级政府批准成立的科技工业园区，它是以发展高新技术为目的而设置的特定区域，是依托于智力密集、技术密集和开放环境，依靠科技和经济实力，吸收和借鉴国外先进科技资源、资金和管理手段，通过实行税收和贷款方面的优惠政策和各项改革措施，实现软硬环境的局部优化，最大限度地把科技成果转化为现实生产力而建立起来的，促进科研、教育和生产结合的综合性基地。

湖北省共有高新区 32 个，其中国家高新区有 12 个，省级高新区有 20 个。湖北省高新区分布较为均衡，产业创新发展程度不同（表 3-4）。

表 3-4 湖北省高新区分布统计表

	地区	数量
国家级高新区	曾都区、大冶市、掇刀区、黄州区、江夏区、潜江市、沙市区、西陵区、仙桃市、咸安区、襄州区、孝南区	12
省级高新区	赤壁市、恩施市、汉川市、红安县、京山县、老河口市、梁子湖区、麻城市、茅箭区、蕲春县、沙洋县、石首市、天门市、通城县、武穴市、西塞山区、浠水县、宜都市、枣阳市、钟祥市	20

农业科技园区指在一定区域内，以市场为导向，以调整农业生产结构和展示现代农业科技为主要目标，采用先进的适用技术，政府引导，企业、科研机构和广大农民等相关主体参与，具有培育现代农业科技人才和孵化现代农业企业等多功能的农业科技型企业密集区。

湖北省共有农业科技园 66 个，其中国家级农业科技园有 11 个，省级农业科技园有 55 个。国家级农业科技园分布较为均衡，黄石市、荆门市、荆州市、潜江市、十堰市、武汉市、仙桃市、咸宁市、襄阳市、孝感市、宜昌市各有 1 个；省级农业科技园主要分布于黄冈市、十堰市、荆州市、宜昌市等地（表 3-5）。

表 3-5　湖北省农业科技园分布统计表

	数量 / 个	地区
国家级农业科技园	1～2	安陆市、东宝区、谷城县、洪山区、咸安区、阳新县、夷陵区、郧阳区
	2～4	武昌区
省级农业科技园	1～2	大冶市、丹江口市、谷城县、汉川市、鹤峰县、洪山区、监利县、江夏区、老河口市、硚口区、青山区、团风县、武穴市、咸安区、阳新县、英山县、远安县、郧阳区、长阳土家族自治县、竹山县、竹溪县
	3～4	京山县、麻城市、武昌区
	5～6	浠水县

可持续发展实验区分为国家可持续发展实验区和省级可持续发展实验区。国家可持续发展实验区建设始于 1986 年的一项地方性可持续发展综合示范试点工作，旨在依靠科技进步、机制创新和制度建设，全面提高实验区的可持续发展能力，探索不同类型地区的经济、社会和资源环境协调发展的机制和模式，为不同类型地区实施可持续发展战略提供示范。湖北省可持续发展实验区建设从 1995 年开始，经过 20 多年的实验区建设，积极探索建立了县（市、区）经济、社会、环境协调发展的有效机制，走出了具有各自地方特色的绿色发展、低碳发展、循环发展的新路子，可持续发展已从理念逐渐转化为具体行动。

湖北省共有可持续发展实验区 46 个，其中国家级可持续发展实验区 12 个，省级可持续发展实验区 34 个。国家级可持续发展实验区主要分布于武汉市、襄阳市、宜昌市、黄冈市、仙桃市、神农架林区、荆门市等地；省级可持续发展实验区主要分布于武汉市、襄阳市、宜昌市、十堰市、荆州市、孝感市、黄冈市、鄂州市、黄石市、咸宁市等地（表 3-6）。

表 3-6 湖北省可持续发展实验区分布统计表

	地区	数量/个
国家级可持续发展实验区	红安县、江岸区（2 个）、老河口市（2 个）、神农架林区、西陵区、仙桃市、襄州区、英山县、长阳土家族自治县、钟祥市	12
省级可持续发展实验区	大冶市、樊城区、嘉鱼县、江岸区、梁子湖区、麻城市、茅箭区、蕲春县、石首市、襄城区、孝昌县、宜都市、郧阳区、竹山县等	34

乡村振兴示范基地以企业为主体，围绕产业发展技术需求，与高校院所开展合作，提升科技创新水平，加快科技成果转化应用，是实施乡村振兴战略的重要载体，是促进产学研、农科教紧密结合的重要纽带，是组织县域开展农业技术创新活动的重要平台。

湖北省共有省级乡村振兴示范基地 108 个，其中首批有 50 个，第二批有 58 个，主要分布于武汉市、荆州市、恩施市、黄冈市、十堰市等地。湖北首批乡村振兴科技创新示范基地覆盖了全省主要农业产业和主要涉农县（市、区），包括种植类基地 25 个、养殖类基地 11 个、加工类基地 14 个，涵盖了粮食、畜禽、水产、油料等湖北省优势特色产业（表 3-7）。

表 3-7　湖北省乡村振兴示范基地分布统计表

省级乡村振兴示范基地数量 / 个	地区
1～2	安陆市、曾都区、大冶市、东西湖区、恩施市、房县、公安县、谷城县、洪湖市、华容区、黄州区、建始县、江夏区、京山县、荆州区、来凤县、老河口市、罗田县、潜江市、石首市、伍家岗区、武穴市、浠水县、仙桃市、新洲区、阳新县、应城市、远安县、云梦县、郧西县、郧阳区、竹溪县
3～4	神农架林区、武昌区、咸安区、钟祥市
5～10	洪山区

科技企业孵化器指以服务大众创新创业、促进科技成果转化、培育科技企业和企业家精神为宗旨，面向科技型创业企业和创业团队，提供物理空间、共享设施和专业化服务的科技创业服务机构。孵化器通过为新创办的科技型中小企业提供物理空间、基础设施和一系列服务支持，降低创业者的创业风险和创业成本，提高创业成功率，促进科技成果转化，帮助和支持科技型中小企业成长与发展，从而培养出成功的企业和企业家。它对推动高新技术产业发展，完善国家和区域创新体系、繁荣经济，发挥着重要的作用，具有重大的社会经济意义。

湖北省共有省级以上科技企业孵化器229个，国家级科技企业孵化器63个。其中国家级科技企业孵化器主要分布于武汉市、宜昌市、襄阳市等地；省级科技企业孵化器主要分布于武汉市、黄冈市、襄阳市、宜昌市、黄石市、荆州市、十堰市等地（表3-8）。

表 3-8　湖北省科技企业孵化器分布统计表

	数量/个	地区
国家级科技企业孵化器	1～2	曾都区、黄州区、江岸区、江汉区、梁子湖区、硚口区、沙市区、伍家岗区、孝南区、武昌区、掇刀区、恩施市、樊城区、茅箭区
	2～4	蔡甸区、大冶市、青山区、襄城区
	5～10	西陵区
	11～15	江夏区、洪山区
省级科技企业孵化器	1～2	赤壁市、掇刀区、鄂城区、房县、汉川市、洪湖市、黄石港区、江汉区、老河口市、梁子湖区、罗田县、南漳县、蕲春县、潜江市、沙洋县、松滋市、天门市、铁山区、通山县、武穴市、西塞山区、襄城区、猇亭区、孝南区、新洲区、阳新县、宜城市、应城市、英山县、枣阳市、张湾区、长阳土家族自治县、枝江市、钟祥市、竹溪县、曾都区、黄梅县、硚口区、仙桃市、襄州区
	3～4	大冶市、东宝区、恩施市、樊城区、汉阳区、麻城市、茅箭区、咸安区、黄陂区、江岸区、沙市区、下陆区
	5～10	蔡甸区、青山区、西陵区、武昌区
	11～20	江夏区、洪山区

众创空间即创新型孵化器，是开放式的创业生态系统。"众"是主体，"创"是内容，"空间"是载体。众创空间是顺应创新 2.0 时代用户创新、开放创新、协同创新、大众创新趋势，把握全球创客浪潮兴起的机遇，根据互联网及其应用深入发展、知识社会创新 2.0 环境下的创新创业特点和需求，通过市场化机制、专业化服务和资本化途径构建的低成本、便利化、全要素、开放式的新型创业公共服务空间。它对激发亿万群众创造活力，培育包括大学生在内的各类青年创新人才和创新团队，带动就业扩大，打造经济发展新的"发动机"，具有重要意义。

众创空间采用备案制，由运营主体单位向所在地科技行政主管部门提出申请。

地方科技行政主管部门初审合格后,向湖北省科技厅提出书面推荐意见。湖北省科技厅负责组织专家依据本办法组织评审,并视情况进行实地核查。评审结果对外公示,对公示无异议的机构由湖北省科技厅正式发文到为备案省级众创空间。

湖北省共有省级以上众创空间 372 个,国家级众创空间 81 个。其中国家级众创空间主要分布于武汉市、宜昌市等地;省级众创空间主要分布于武汉市、襄阳市、十堰市、黄冈市、荆门市等地(表 3-9)。

表 3-9　湖北省众创空间分布统计表

	数量 / 个	地区
国家级众创空间	1～2	蔡甸区、赤壁市、大冶市、东宝区、东西湖区、掇刀区、恩施市、汉阳区、老河口市、下陆区、枝江市、樊城区、沙市区、伍家岗区、新洲区
	2～4	硚口区、西陵区
	5～10	江汉区、武昌区
	11～20	洪山区、江夏区
省级众创空间	1～2	巴东县、保康县、赤壁市、谷城县、广水市、汉南区、洪湖市、黄梅县、黄石港区、嘉鱼县、监利县、利川市、梁子湖区、罗田县、麻城市、神农架林区、通城县、通山县、五峰土家族自治县、武穴市、下陆区、新洲区、阳新县、宜都市、云梦县、郧阳区、枣阳市、曾都区、大冶市、掇刀区、鄂城区、红安县、江陵县、京山县、南漳县、潜江市、沙市区、沙洋县、伍家岗区、襄州区、孝南区、夷陵区、宜城市、钟祥市、竹溪县
	3～4	蔡甸区、东宝区、恩施市、汉阳区、荆州区、蕲春县、天门市、西陵区、江岸区、仙桃市
	5～10	黄州区、硚口区、黄陂区、咸安区、襄城区、东西湖区、樊城区、青山区、茅箭区
	11～20	江汉区、武昌区
	21～50	洪山区、江夏区

星创天地是众创空间在农村基层的一种表现形式，是对星火计划的一种传承和发扬。星创天地简言之是"星火燎原、创新创业、科技顶天、服务立地"，既是农业科技创新创业服务平台，也是新型职业农民的"学校"和创新型农业企业家的"摇篮"，是农村科技创新创业服务体系的重要组成部分，是推行科技特派员创制度的重要举措。星创天地是科技部科技计划体制改革农业领域的重要内容之一，是针对未来农业科技发展打造的新型农业创新创业一站式开放性综合服务平台。它以农业科技园区、科技特派员创业基地、科技型企业、农民专业合作社等为载体，通过吸纳返乡农民工、大学生、农业致富带头人创新创业，利用线下孵化载体和线上网络平台，聚集创新资源和创业要素，促进农业科技成果转化与产业化。

湖北省共有星创天地 299 个，其中国家级星创空间有 59 个，省级星创空间有 391 个，主要分布于武汉市和宜昌市（表 3-10）。

表 3-10 星创天地分布统计表

	数量/个	地区
国家级星创天地	1~2	保康县、赤壁市、恩施市、掇刀区、谷城县、鹤峰县、洪湖市、黄梅县、建始县、京山市、荆州开发区、利川市、罗田县、潜江市、天门市、通山县、咸丰县、孝昌县、宜都市、应城市、远安县、云梦县、长阳土家族自治县、竹溪县
	2~4	夷陵区、英山县
	5~10	麻城市、仙桃市

续表

	数量/个	地区
省级星创天地	1~2	巴东县、蔡甸区、大悟县、东湖新技术开发区、鄂城区、恩施市、樊城区、公安县、谷城县、广水市、红安县、华容区、黄州区、嘉鱼县、建始县、江陵县、京山市、来凤县、老河口市、梁子湖区、麻城市、茅箭区、蕲春县、屈家岭管理区、沙洋县、石首市、随县、通山县、五峰土家族自治县、襄州区、新洲区、兴山县、宣恩县、阳新县、宜都市、郧西县、枣阳市、枝江市、竹山县
	3~4	安陆市、保康县、崇阳县、东宝区、高新区·掇刀区、洪山区、黄陂区、黄梅县、监利县、荆州开发区、荆州区、松滋市、通城县、武穴市、浠水县、襄城区、夷陵区、郧阳区、张湾区、竹溪县、秭归县
	5~7	曾都区、丹江口市、当阳市、汉川市、江夏区、潜江市、天门市、仙桃市、孝昌县、宜城市、英山县、云梦县
	8~10	房县、团风县、孝南区、应城市、钟祥市、大冶市

3.3 湖北省创新建设与创新能力

3.3.1 创新建设：创新型城市、创新型县（市）

1. 创新型县（市）建设背景

创新型城市特指国家级创新型城市，是为深入贯彻全国科技创新大会精神和《国家创新驱动发展战略纲要》部署，建设具有强大带动力的创新型城市和区域创新中心的重要抓手。

创新型县（市、区）分为国家级创新型县（市、区）和省级创新型县（市、区）。国家级创新型县（市、区）是为贯彻落实《国务院办公厅关于县域创新驱动发展的若干意见》(国办发〔2017〕43号)提出的在有条件的县(市)建设创新型县(市)要求,经地方推荐,形式审查、咨询评议和实地考察等程序,由科技部最终确定建设名单。省级创新型县(市、区),根据《省科技厅关于开展创新型县(市、区)建设工作的通知》,创新型县(市、区)建设主要过程为经县(市、区)政府申请,市(州)科技局推荐,专家咨询评议,实地考察,最终由厅长办公会研究决定。

创新型县(市、区)形成了分类差异化的创新发展路径,湖北省基于省内社会经济形态差异,鼓励地方基于实际情况探索差异化的县域创新驱动发展路径,主要分为科技支撑产业发展、科技支撑生态文明建设、科技支撑民生改善三类。

2. 创新型县(市)建设现状

湖北省创新型城市建设颇具成效。在国家级创新型城市创建后的评价工作中,科技部下属中国科学技术信息研究所根据国家级创新城市创新功能的不同,将创新城市分为创新策源地、创新增长极和创新集聚区三大类。湖北省已纳入评价范围的武汉市为创新策源地,原始创新能力指数排名全国第5;襄阳市、宜昌市为创新集聚区,具有一定的区域创新带动作用,在创新集聚区中分别排名第7和第15。

湖北省创新型县(市、区)建设进展迅速。湖北省大冶市、宜都市、仙桃市3个国家创新型县(市)创建任务全面完成,建设质量明显提升,成为全省县域创新驱动发展的标杆。38个创新型县(市)创新能力持续提升,创新生态不断完善,成为湖北省经济社会高质量发展的新引擎和新动能。当前湖北省创新链产业链耦合度较高。大冶市、宜都市、仙桃市、枝江市、潜江市、汉川市、枣阳市等创新型县(市)先后进入全国"县域经济百强""科技创新百强"等榜单。全省15个GDP超500亿元的县(市)中,创新型县(市)占11席,有效支撑了全域协同发展。

38个创新型县（市）建成国家火炬特色产业基地6家、省级以上高新区18家、农业科技园区42家、可持续发展实验区24家，建立创新创业服务及研究开发机构1176家、省级企业技术中心213个、乡村振兴科技创新示范基地50家，加速了创新资源集聚，提升了县域科技创新实力。

湖北省以创新型县（市）为载体，有效促进了一批创新型产业的集聚。大冶市有色金属材料产业获批国家火炬特色产业基地，仙桃市非织造布产业获批国家创新型产业集群，大冶市饮料食品、高端装备制造产业，仙桃市无纺布、汽车零部件、食品产业，宜都市装备制造产业等纳入省重点成长型产业集群，有力促进了县域创新型产业集群的形成，持续优化全省创新产业空间格局，夯实了全域创新发展的基石。

3. 创新型县（市）建设名单与分布情况

国家级创新型城市：湖北省武汉市、襄阳市、宜昌市、荆门市、黄石市已先后加入创新型城市行列。

国家级创新型县（市）：2018年8月，科技部印发《创新型县（市）建设工作指引》（国科发农〔2018〕130号），启动首批创新型县（市）建设。湖北省科技厅推荐湖北大冶市、宜都市、仙桃市三地参评首批国家创新型县（市）建设，并顺利获批列入国家创新型县（市）建设单位。

省级创新型县（市）：2020年3月，14个县（市、区）获批为首批省级创新型县（市、区）。其中，以科技支撑产业发展为主题的有枝江市、曾都区、钟祥市、潜江市、谷城县、赤壁市、武穴市、当阳市、应城市、麻城市、公安县等县（市、区）

11个，以科技支撑生态文明为主题的有恩施市、神农架林区等县（市、区）2个，以科技支撑民生改善为主题的有郧西县等县（市、区）1个。

2021年1月，枣阳市、黄州区、东宝区、咸安区、天门市、夷陵区、云梦县、石首市、汉川市、房县、江陵县、丹江口市、保康县获批为第二批湖北省创新型县（市、区）建设单位，其中以科技支撑生态文明为主题的是丹江口市、保康县。

2021年12月21日，新洲区、鄂城区、孝南区、荆州区、襄州区、老河口市、阳新县、团风县获批为湖北省第三批省级创新型县（市、区）建设单位。

截至2022年7月底，湖北省有国家级创新型城市共计5个，国省两级创新型县（市、区）共计38个（表3-11）。湖北省创新型城市主要为传统经济强市与创

表3-11 湖北省两级创新型城市、创新型县（市、区）建设统计表

等级	类别	数量/个
国家级创新型城市	武汉市、襄阳市、宜昌市、荆门市、黄石市	5
国家级创新型县（市、区）	大冶、宜都、仙桃市	3
省级创新型县（市、区）	科技支撑产业发展：枝江市、曾都区、钟祥市、潜江市、谷城县、赤壁市、武穴市、当阳市、应城市、麻城市、公安县 科技支撑生态文明：恩施市、神农架林区 科技支撑民生改善：郧西县	14
	科技支撑产业发展：枣阳市、黄州区、东宝区、咸安区、天门市、夷陵区、云梦县、石首市、汉川市、房县、江陵县 科技支撑生态文明：丹江口市、保康县	13
	科技支撑产业发展：新洲区、鄂城区、孝南区、荆州区、襄州区、老河口市、阳新县、团风县	8

（数据来源：湖北省科技厅公示文件）

新强市。湖北省两级创新型县（市、区）主要沿省域重要交通廊道分布，沿长江集聚，并围绕城市圈周边分布。

3.3.2　创新能力：区域与城市创新能力评价

国家与省级各类创新指数评价与排名较为丰富，本书基于与湖北省发展实际最为契合、覆盖全面等原则，选取了《中国城市科技创新发展报告》与《湖北省县域经济工作考核报告》中科技创新指数为县（市）创新能力评价参考资料。

样本与评价体系：《中国城市科技创新发展报告（2021）》充分吸收科技部、中国科学院、世界银行、经合组织等国内外机构相关城市创新报告，构建由3个层次指标构成的中国城市科技创新发展指数指标体系，其中一级指标包括创新资源、创新环境、创新服务、创新绩效，二级指标包括创新人才、研发经费、政策环境、信息环境、创业服务、金融服务、科技产出、经济发展、绿色发展、辐射引领，三级指标有21个。在考虑城市统计数据的可得性、准确性和标准性的基础上，选取288个地级以上城市作为样本。

我国省域科技创新发展水平呈现出明显的分层趋势，湖北省处于第二梯队。北京、上海、天津、重庆4个直辖市为第一梯队，总指数得分在0.5以上；江苏省、浙江省、广东省、山东省、海南省、新疆维吾尔自治区、福建省、河北省、湖北省、安徽省、西藏自治区、江西省、湖南省为第二梯队，总指数得分为0.3～0.5；其余省份为第三梯队，总指数得分低于0.3（图3-20）。

从城市群尺度看，武汉引领长江中游城市群创新发展格局清晰，但长江中游城市群区域创新综合实力较弱，在19个国家级城市群中排名第16。京津冀城市群、珠三角城市群、长三角城市群科技创新发展水平具有显著领先优势，为指数得分高

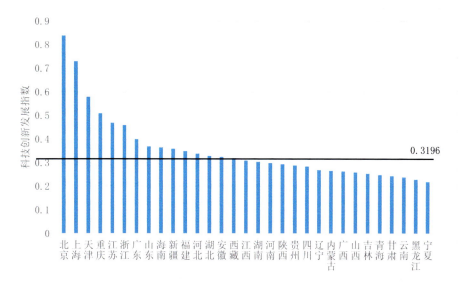

图 3-20　各省份城市科技创新发展指数示意图
（数据来源：《中国城市科技创新发展报告（2021）》）

于 0.5 以上的第一梯队；关中平原城市群、山西中部城市群指数高于同年全国均值 0.3196；而呼包鄂榆城市群、天山北坡城市群、中原城市群、滇中城市群、辽中南城市群、黔中城市群、山东半岛城市群、哈长城市群、粤闽浙沿海城市群、成渝城市群、长江中游城市群、兰州—西宁城市群、宁夏沿黄城市群、北部湾城市群 14 个城市群低于同年全国均值（图 3-21）。

湖北省城市科技创新发展指数：参考《中国城市科技创新发展报告（2021）》中的科技创新发展指数及全国排名，对湖北下辖的武汉市、鄂州市、襄阳市、十堰市、宜昌市等 12 个主要城市进行核心、枢纽、节点三级分类。其中，核心城市为武汉市，枢纽城市为襄阳市、宜昌市，节点城市为荆州市、十堰市、黄石市、荆门市、孝感市、咸宁市、黄冈市、鄂州市、随州市。在全国 288 个城市中，湖北省的武汉市、襄阳市、

创新驱动发展：空间要素与格局

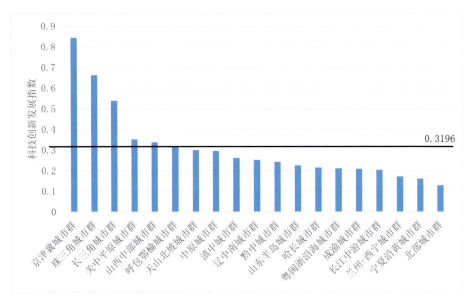

图 3-21　各城市群科技创新发展指数示意图

（数据来源：《中国城市科技创新发展报告（2021）》）

宜昌市、十堰市在前 100 名范围内。

与湖北省进行比较的省份有安徽省、河北省、湖南省、江西省、辽宁省、山东省，同样参考《中国城市科技创新发展报告（2021）》中的科技创新发展指数及全国排名，对其下辖的主要城市进行核心、枢纽、节点分级。

安徽省有 2 个核心城市（合肥市、芜湖市），2 个枢纽城市（蚌埠市、马鞍山市），12 个节点城市（滁州市、安庆市、宣城市、铜陵市、淮南市、淮北市、黄山市、阜阳市、池州市、宿州市、六安市、亳州市）。

河北省无核心城市，有 5 个枢纽城市（石家庄市、保定市、唐山市、廊坊市、秦皇岛市），6 个节点城市（邯郸市、沧州市、邢台市、衡水市、张家口市、承德市）。

湖南省核心城市为长沙，有 1 个枢纽城市（株洲市），11 个节点城市（湘潭市、郴州市、常德市、衡阳市、岳阳市、永州市、怀化市、邵阳市、益阳市、娄底市、张家界市）。

江西省无核心城市，有 1 个枢纽城市（南昌市），10 个节点城市（赣州市、九江市、鹰潭市、景德镇市、吉安市、宜春市、新余市、抚州市、上饶市、萍乡市）。

辽宁省无核心城市，有 2 个枢纽城市（大连市、沈阳市），12 个节点城市（鞍山市、盘锦市、锦州市、营口市、阜新市、丹东市、抚顺市、本溪市、葫芦岛市、铁岭市、辽阳市、朝阳市）。

山东省有 2 个核心城市（青岛市、济南市），6 个枢纽城市（烟台市、威海市、潍坊市、淄博市、东营市、济宁市），8 个节点城市（泰安市、德州市、临沂市、日照市、滨州市、枣庄市、聊城市、菏泽市）。

通过对比，可以看出湖北省的城市创新能力等级层次相对其他省份而言，存在"一极独大，但层次丰富"的特征。相对而言，发展条件较好的省份会因省会城市优势与先进地区发展临近优势而存在多核心的情况，武汉市所在区域没有形成双核心的发展条件。湖北省结合自身区域形态特点与经济地理条件，形成了"一核两心多节点"的城市创新功能等级体系。

3.3.3 创新能力：县市创新能力评价

样本与评价体系主要采用湖北省县域经济考核中的科技创新指数。县域经济考核中的科技创新指数数据来源于湖北省科技厅，主要考虑科技创新投入、企业科技创新、科技创新产出、高新技术产业、科技创新成效等方面，测算县域科技创新综合指数。

湖北省县域创新推进工作范围与县域经济一致，主要依靠省级统一创新推进工作体系，由县级层面执行。湖北省共有 103 个县（市、区），县域经济相关工作一般主要针对 79 个县（市、区），大城市的主城区、林区不属于县域创新推进工作范围。

我国各省积极推进县域科技创新，但公开测度县域科技创新程度的省份较少，浙江省统计与科技部门联合开展县（市、区）科技进步统计监测评价，河北省由科技部门发布县域科技创新能力监测评价。

湖北省在发改委与统计部门开展的县域经济考核工作中公布了科技创新指数（图 3-22～图 3-24）。该指数源于湖北省县域经济评价，主要考虑科技创新投入、企业科技创新、科技创新产出、高新技术产业、科技创新成效等方面，测算县域科技创新综合指数。该指数测算时间积累不长，数据测算方式与数据公开程度不高，较难作为县域创新研究基础。

从各年《湖北省县域经济工作考核报告》中科技创新综合指数变化趋势来看，2018—2019 年，武汉市、襄阳市、宜昌市对周边县（市、区）创新带动能力显著，湖北省县域科技创新能力增强趋势明显；然而受新型冠状病毒感染的影响，2019—2020 年县域经济与县域创新能力都受到极其严重的冲击，但中心城市对人才、资金、项目等创新要素的"虹吸"效应更为明显。

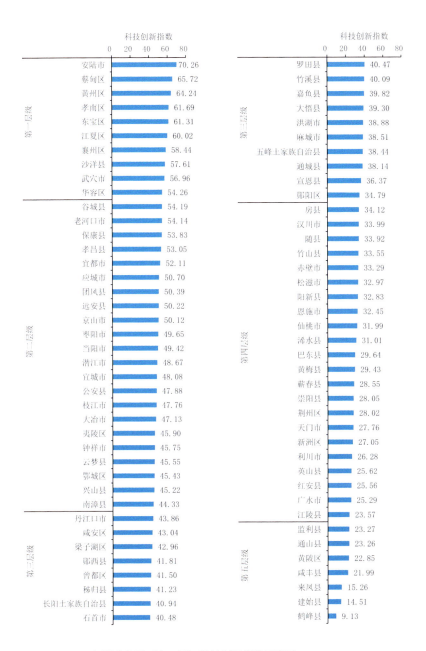

图 3-22　2018 年湖北省县（市、区）科技创新指数示意图
（数据来源：2018 年湖北省县域经济考核）

创新驱动发展：空间要素与格局

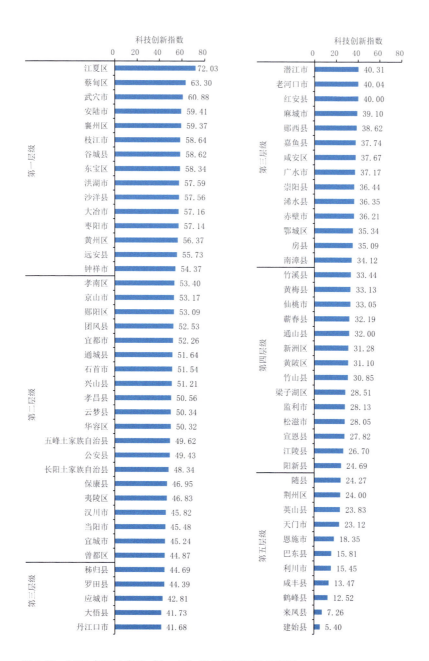

图 3-23　2019 年湖北省县（市、区）科技创新指数示意图
（数据来源：2019 年湖北省县域经济考核）

第 3 章 湖北省创新要素与创新空间现状特征

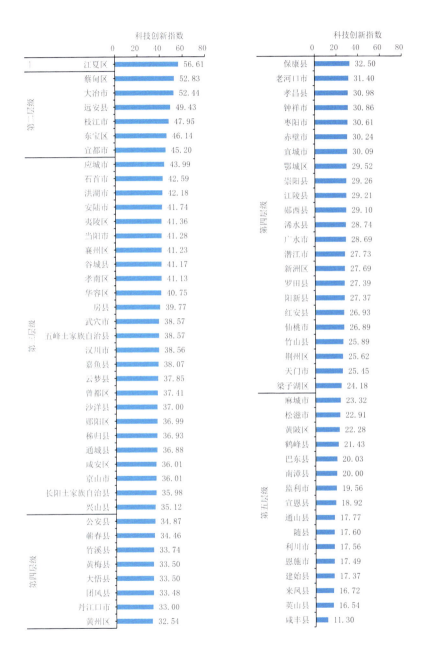

图 3-24 2020 年湖北省县（市、区）科技创新指数示意图
（数据来源：2020 年湖北省县域经济考核）

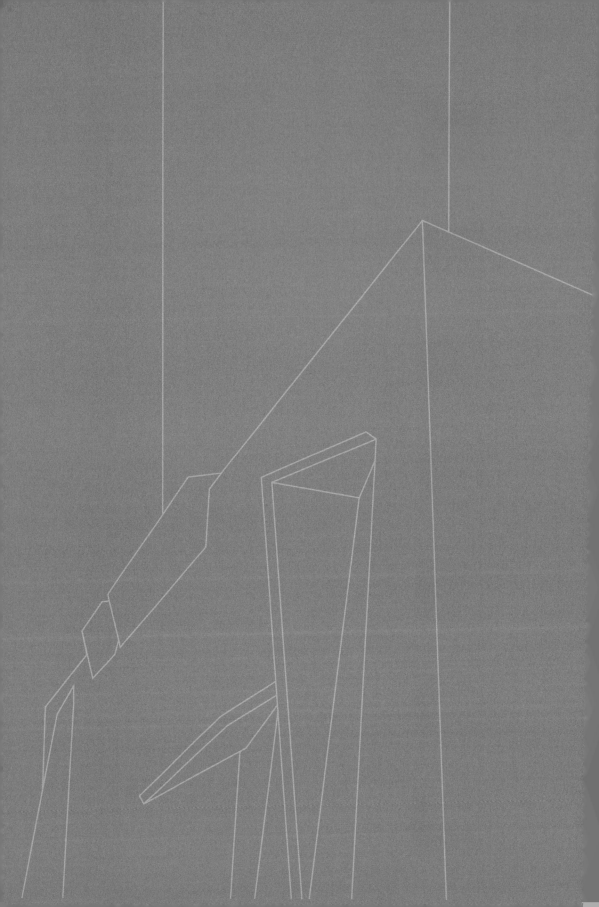

第 4 章
PART 4

湖北省创新格局的
时空演变

4.1 湖北省创新要素发展演变

1. 创新主体

通过分析近年及当年湖北省认定高新技术企业的分布情况，发现高新技术企业主要分布于武汉市，占比达到 60% 以上，且在当年认定数上，武汉市占比逐年升高（图 4-1）。当年认定数在空间分布上越来越集中。

武汉市更受创新主体青睐：尽管创新扶持平台与政策逐步从武汉市推广扩散，但 2017—2020 年湖北省创新主体分布数据显示，创新主体更加集聚，武汉市对人才、资金、技术的集聚能力更加明显。

2. 创新活动

将专利数据按年度进行可视化设计，以 2001 年、2006 年、2011 年、2016 年、2021 年为时间截面，分析专利分布变化情况。

省域创新活动集聚与分散同时发生。从 2001—2021 年湖北省专利数据产出数据来看，总体上专利产出分布呈现先扩散后集聚的特征，2001 年专利主要分布于武汉市，2001—2006 年专利产出快速向外扩散，新兴区域性创新中心涌现，形成了襄阳市、宜昌市、黄石市等多个次级中心；2006—2016 年创新活动逐渐向武汉市、宜昌市、襄阳市集聚；2016—2021 年，新增创新活动向武汉集聚，使武汉首位度进一步提升（图 4-2）。

3. 小结

单独从创新主体与创新产出要素空间演变情况来看，创新要素向武汉市集聚的趋势显著，同时涌现了区域性创新中心，包括襄阳市、宜昌市、黄石市等。

第 4 章 湖北省创新格局的时空演变

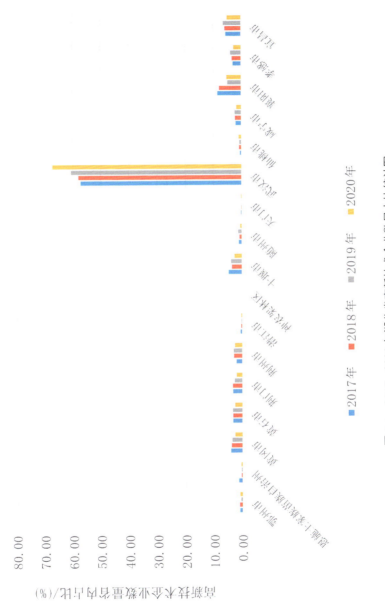

图 4-1 2017—2020 年湖北省高新技术企业数量占比统计图
(数据来源：湖北省高新技术企业数据公示文件)

创新驱动发展：空间要素与格局

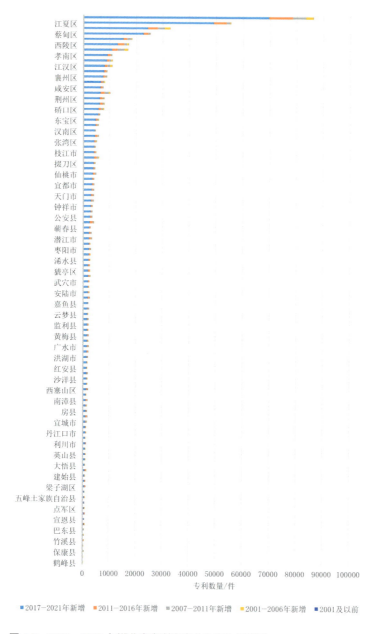

图 4-2　2001—2021 年湖北省专利产出分布变化示意图
（数据来源：基于高德 API 对爬取专利数据进行坐标转换）

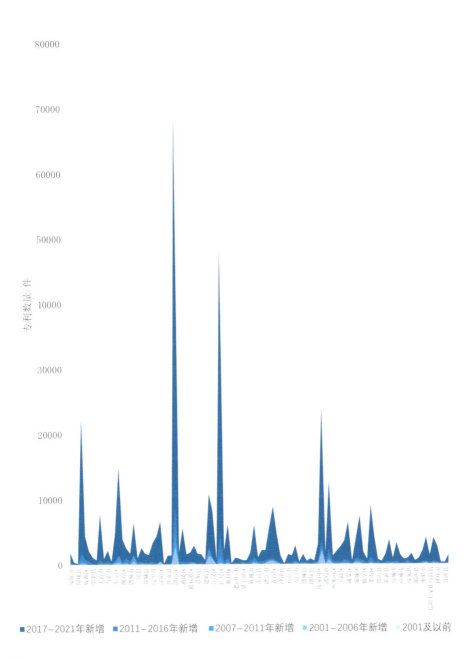

续图 4-2

4.2 省：湖北省域创新能力波动上升

通过统计 2000—2020 年《中国区域创新能力评价报告》数据，对湖北省近 20 年的区域创新能力综合效用值进行可视化分析，可知湖北省的区域创新能力综合效用值在 25～33 浮动，全国排名在 7～15 名浮动，且有波动上升的趋势（图 4-3）。

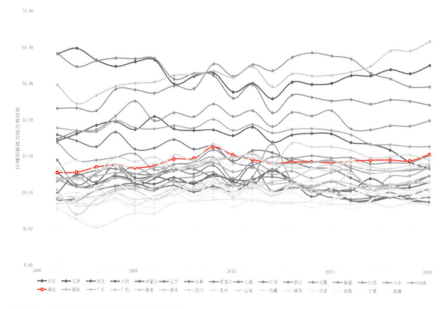

图 4-3　湖北省域整体创新能力波动图
（数据来源：2000—2020 年《中国区域创新能力评价报告》）

2020 年湖北省创新能力综合排名居全国第 7 位，较 2019 年上升 1 位。从指标层次看，湖北省实力指标排名第 7 位，与 2019 年相同；效率指标排名第 10 位，与 2019 年相同；潜力指标排名第 6 位，较上年 2019 升 7 位。从指标维度看，湖北省知识创造、知识获取、企业创新、创新环境和创新绩效等指标排名分别是第 8 位、第 17 位、第 9 位、第 8 位和第 9 位，其中，知识创造指标上升 1 位，知识获取指标降低 5 位，企业创新指标上升 1 位，创新绩效指标上升 2 位。

从基础指标看，"高技术产业新产品销售收入"增长 66.9%，"国际论文数"增长 15.90%，"政府研发投入"增长 23.67%，"规模以上工业企业有效发明专利数"增长 26.80%，"规模以上工业企业研发经费外部支出"增长 50.67%，"规模以上工业企业有研发机构的企业数"增长 26.73%，但"规模以上工业企业国外技术引进金额""科技企业孵化器孵化基金总额"两项指标出现下滑状况。

因此，湖北省创新能力短板主要在于知识获取较低、创新绩效不高、现代服务业与新兴产业发展水平较低三个方面。尽管湖北省创新发展步伐在不断加快，但产业结构有待进一步优化，传统行业面临产能过剩问题，需要加快提升研发和创新能力，新兴产业与创新创业环境仍有待优化。同时，湖北省在知识获取方面的瓶颈，应通过进一步强化与国内外交流合作，提升技术转移、转化能力来解决。

4.2.1 湖北省创新外向联系度

湖北省创新外向联系度为湖北省买入省外专利数量与湖北省卖出专利数量之和。

湖北省创新外向联系度的具体计算式如下：

$$O_{ij} = B_{ij} + S_{ij} \tag{式4-1}$$

式中：B_{ij} 表示地区 i 买入地区 j 专利的数量；S_{ij} 表示地区 i 向地区 j 卖出专利的数量；表示地区 i 的外向联系度，O_{ij} 为向地区 j 买入和卖出专利的数量之和。

量化湖北省创新外向联系强度，并与创新先进省份进行横向对比，对观察省域创新网络与全国创新网络的关系有一定参考意义（表4-1）。

表4-1　湖北省域创新外向联系

地区	关联省份（直辖市、特别行政区）	创新外向联系度/个	层级
东北	辽宁省	57	第四层级
	黑龙江省	25	第五层级
	吉林省	25	
华北	北京市	298	第二层级
	天津市	56	第四层级
	河北省	41	
	山西省	4	第五层级
	内蒙古自治区	1	
华东	浙江省	540	第二层级
	江苏省	393	
	上海市	251	第三层级
	安徽省	147	
	山东省	145	
	福建省	129	
	台湾省	37	第四层级
	江西省	26	第五层级
华中	湖南省	144	第三层级
	河南省	69	第四层级

续表

地区	关联省份（直辖市、特别行政区）	创新外向联系度 / 个	层级
华南	广东省	1143	第一层级
	广西壮族自治区	26	第五层级
	海南省	3	
	香港特别行政区	1	
西南	四川省	141	第三层级
	重庆市	64	第四层级
	云南省	22	第五层级
	贵州省	22	
西北	陕西省	50	第四层级
	新疆维吾尔自治区	7	第五层级
	宁夏回族自治区	4	
	甘肃省	4	

（数据来源：佰腾网）

湖北省与京津冀、长三角、粤港澳大湾区、成渝地区创新联系相对紧密，这与已有相关研究中发现的国内创新密集区域之间联系相对紧密结果一致。在湖北省与毗邻地区的创新外向联系中，仅向东与安徽省联系较强，其他方向较弱。

北京、上海、粤港澳大湾区、成渝地区是目前科技创新影响力相对较强的区域，因此选取四川省、重庆市、北京市、上海市、广东省与湖北省进行对比，选取北京市、上海市、广州市、深圳市、成都市与武汉市进行对比。湖北省创新外向联系强度与成渝地区为同一量级，与重庆市相当，略弱于四川省，远低于三大国际科创中心，约为上海市的30%，北京市的20%，广东省的9%（图4-4）。武汉市创新外向联系强度与成都市为同一量级，远低于北上广深四座一线城市，约为广州市的21%，深圳市、上海市的14%，北京市的8%（图4-5、表4-2）。

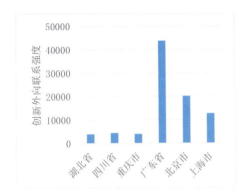

图4-4　湖北省创新外向联系强度横向对比图

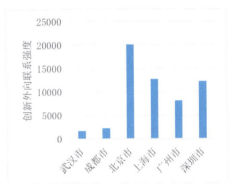

图4-5　武汉市创新外向联系强度横向对比图

表4-2　湖北省与武汉市创新外向联系强度横向对比

省级	湖北省/个	四川省/个	重庆市/个	广东省/个	北京市/个	上海市/个
创新外向联系强度	3987	4529	4091	43778	20143	12742
市级	武汉市/个	成都市/个	—	广州市/个	深圳市/个	—	—
创新外向联系强度	1706	2307	—	8126	12239	—	—

技术转移是一种市场交易行为，转出方和转入方的供需关系决定其是否发生。同时技术知识作为一种特殊的商品，其流通轨迹遵循特定的"空间依赖"规律，即受到技术临近、制度临近、认知临近、地理临近等多维邻近性的影响。后续受鄂、湘、赣三省合力打造长江中游城市群协同创新共同体的影响，长江中游城市群间创新联系有望增强。

4.2.2 湖北省对外技术辐射

通过分析湖北省对外技术辐射领域，可以确定湖北省具有一定自主创新能力和具有对外影响力的行业。

湖北省对外技术辐射强度相对较高。根据本书采用的技术转移数据，湖北省向国内各地的创新外向联系度约为上海市的30%，安徽省的65%，山东省的50%，辽宁省的130%（表4-3）。

表4-3 省域对外创新集散强度关系

省市	省（直辖市）对外辐射 技术转移数量/个
湖北省	3987
上海市	12742
安徽省	6174
山东省	8426
辽宁省	3016

湖北省对外技术辐射来源地主要为武汉市、襄阳市、十堰市等城市，对外创新技术辐射影响区域主要为广东省、浙江省、江苏省。

通过对湖北省对外技术辐射的专利数据名称进行词频分析（图4-6），结果显示，湖北省对外创新辐射领域以制造业为主，主要集中在汽车制造、能源、生物医药等领域。湖北省向东面向长三角区域技术转移重点围绕汽车、医药产业；湖北省向南面向粤港澳大湾区技术转移重点围绕电气机械和器材、医药等产业；湖北省向西技术转移主题较为庞杂，重点围绕汽车、高端制造、电子信息等产业。

湖北省—广东省 　　　　　　　　　　　湖北省—浙江省

湖北省—江苏省 　　　　　　　　　　　湖北省—成渝地区

图 4-6　湖北省域创新外向联系专利名称词频分析示意图

4.2.3　小结

湖北省省域创新能力在波动中有所提升，形成了仅次于京津冀、长三角、粤港澳大湾区三大创新密集区域的创新型区域，具备初步的自主创新能力，区域创新功能有待进一步提升。

4.3 市：湖北省城市创新能力提升

4.3.1 湖北省城市创新排名

武汉市科技创新能力强，辐射影响不足。在技术转移视角下，武汉市处于从区域创新技术集散中心成长为国家创新技术集散中心的过程中。在技术转移数据视角下的创新网络相关研究中，北京市、上海市和深圳市 3 个城市已成为代表中国参与全球创新技术集散的核心城市，武汉市在当前阶段仍处于从区域创新技术集散中心成长为国家创新技术集散中心的过程中，创新技术集散能力排名相对靠后。在各类城市创新能力评价视角下，武汉市已经建成国家创新能力前 10 的科技创新中心。

武汉市创新能力位次相对平稳。对比 2017—2021 年中国城市科技创新发展指数排名前 20 位城市的波动情况，武汉市创新能力位次为"微调型"，即近 5 年武汉市科技创新发展相对较为平稳，排名略有波动，5 年间在全国城市科技创新排名中相对位置仅发生 1 个位次的变化。

武汉市自 2017 年作为国家中心城市开始建设，至 2021 年，武汉市科技创新发展指数高于国家中心城市科技创新发展指数均值，在创新环境方面表现出色，在国家中心城市中排名第 2 位，政策环境良好，极大地促进了创新发展，外资吸引力（投资增量）暂居全国第一位。

武汉市的创新资源基础极佳，优势突出，优质高校与科研院所体量位居国际前 20 位（图 4-7）。

| 创新驱动发展：空间要素与格局

图 4-7 武汉市科研机构实力国际创新区域排名前 20 示意图
（数据来源：左图来源为《国际科技创新指数 2021》，右图来源为《自然指数》）

2017—2021 年，省域区域性中心城市创新能力提升显著。根据《中国城市科技创新发展报告 2017》《中国城市科技创新发展报告 2021》可知，武汉市、鄂州市进入全国科技创新发展指数排名前 100 位，2021 年，武汉市、宜昌市、襄阳市、荆州市、十堰市、黄石市进入全国科技创新发展指数排名前 100 位，地级市创新能力排名提升显著。

十堰市是湖北省传统的工业强市，荆州市产业大而不强，鄂州市创新发展战略与机遇叠加。其中，十堰市创新环境与创新服务建设排名在全国前列，汽车产业专业化、创新化发展逐渐起步，并正在探索适应自身发展实际的绿色创新发展路径；荆州市工业技术改革投入较多，创新活动强度增长较快，通过创新发展改善现状产业大而不强的意图明显；鄂州市近年来创新排名有所下降，但在"光谷科创大走廊"这一省级重大创新空间发展战略中扮演重要角色，结合花湖机场客货运功能启动，鄂州市创新发展机遇极好。从现状创新能力、意愿与省级创新发展战略来看，十堰市、荆州市、鄂州市可以纳入创新型城市考察名单。

4.3.2 湖北省城市创新活动强度演变

湖北省各城市创新活动强度增长显著，处于增长幅度第一梯队的为武汉市，在 2021 年度，武汉市在生物医药与大健康领域的专利申请增长显著；处于增长幅度第二梯队的是宜昌市、襄阳市；处于增长幅度第三梯队的是荆州市、咸宁市、黄冈市、孝感市、黄石市、荆门市、十堰市；处于增长幅度第四梯队的是恩施土家族苗族自治州、随州市（表 4-4）。

表 4-4　湖北省各城市 2001—2021 年创新活动强度统计

城市	创新活动强度				
	2001—2005 年	2006—2010 年	2011—2015 年	2017—2020 年	2021 年
鄂州市	8	55	101	418	2168
恩施土家族苗族自治州	6	32	143	557	1898
黄冈市	5	115	408	1435	6001
黄石市	18	180	923	1367	5119
荆门市	7	105	293	1329	5212
荆州市	35	132	446	1875	6893
潜江市	8	28	51	274	822
神农架林区	0	5	9	15	48
十堰市	17	113	510	1592	4697

续表

城市	创新活动强度				
	2001—2005年	2006—2010年	2011—2015年	2017—2020年	2021年
随州市	7	56	208	556	2111
天门市	4	24	114	241	1059
武汉市	381	2870	10134	24952	82926
仙桃市	6	28	90	439	1305
咸宁市	3	72	262	1295	4772
襄阳市	19	318	1633	533	11071
孝感市	11	89	424	3097	5688
宜昌市	27	335	1673	6163	10481

4.3.3 湖北省内地级市尺度创新网络

1. 城市创新节点中心度

中心度反映节点城市的综合技术创新能力。基于社会网络分析方法，引入创新网络中心度概念。

创新网络中心度的具体计算式如下：

$$O_i = \sum_{j=1}^{n} S_{ij}, \ i \neq j \quad \text{（式4-2）}$$

$$I_i = \sum_{j=1}^{n} B_{ij}, \ i \neq j \quad \text{（式4-3）}$$

$$C_i = O_i + I_i \quad \text{（式4-4）}$$

式中：n 表示城市区域城市数量；O_i 表示城市 i 的创新外向联系度，是城市卖出专利的数量；I_i 表示城市 i 的创新内向联系度，是城市买入专利的数量；C_i 表示城市 i 的创新网络中心度，为外向联系度和内向联系度之和；S_{ij} 表示城市 i 向城市 j 卖出专利的数量；B_{ij} 表示城市 i 向城市 j 购买专利的数量。

至 2019 年，武汉市、宜昌市、襄阳市、十堰市、荆州市为湖北省创新网络中心度较高的城市。武汉市创新技术集散能力占湖北省的 50% 左右，十堰市创新技术集散能力约为全省创新能力的 8%，宜昌市、襄阳市、荆州市三市创新技术集散能力紧随十堰市之后（表 4-5）。

表 4-5　湖北省城市创新节点中心度层级

中心度层级	城市
第一层级	武汉市
第二层级	十堰市
第三层级	宜昌市、襄阳市、荆州市
第四层级	孝感市、黄冈市、咸宁市、黄石市、鄂州市、荆门市
第五层级	随州市、仙桃市、潜江市、恩施土家族苗族自治州、天门市、神农架林区

2. 湖北省创新网络关联度

创新网络关联度反映城市与城市间的创新联系强度。基于社会网络分析方法，引入创新网络联系度概念，联系度为买入与卖出专利数量总和。

观察累计至 2019 年的创新网络关联特征，可以发现网络关联前两个层级的主要是武汉市与襄阳市、宜昌市、十堰市的关联，证实武汉市确实处于湖北省创新网络辐射与集散中心的地位；十堰市为传统的汽车工业强市，汽车专业领域创新辐射能力极强，但随着湖北省汽车产业中心的东移，其创新辐射能力有所下降；襄阳市、宜昌市的创新网络中心度并不高，在技术转移数据视角下不具备成为带动区域发展的创新中心的能力，在创新网络中主要起到创新集散节点的作用。

通过对武汉市—十堰市、武汉市—宜昌市、武汉市—襄阳市技术转移合同备案名称进行词频分析与词云可视化分析，结果显示武汉市向三大城市的技术转移主要围绕汽车制造、工程、医药、农业等行业，武汉市与襄阳市、十堰市的技术转移主要围绕汽车制造行业，武汉市与宜昌市的技术转移主要围绕工程、包装、材料等行业，基本符合湖北省产业集群空间分布的特征（图4-8、表4-6）。

武汉市—十堰市　　　　　武汉市—宜昌市　　　　　武汉市—襄阳市

图4-8　湖北省内创新联系专利名称词频分析示意图

表4-6　技术转移视角下湖北省创新网络关联示意

层级	关联城市
第一层级	武汉市—武汉市、武汉市—十堰市、武汉市—襄阳市、武汉市—宜昌市、武汉市—荆州市、武汉市—孝感市
第二层级	武汉市—咸宁市、武汉市—黄冈市、武汉市—黄石市、武汉市—鄂州市、武汉市—荆门市、武汉市—随州市、武汉市—仙桃市
第三层级	十堰市—宜昌市、十堰市—孝感市、宜昌市—宜昌市、武汉市—潜江市、武汉市—恩施土家族苗族自治州、十堰市—荆州市、宜昌市—荆州市、十堰市—襄阳市、襄阳市—宜昌市、十堰市—黄冈市

续表

层级	关联城市
第四层级	荆州市—黄冈市、宜昌市—黄石市、荆州市—荆门市、武汉市—天门市、襄阳市—荆州市、襄阳市—孝感市、荆州市—荆门市、十堰市—鄂州市、襄阳市—荆门市、十堰市—荆门市、十堰市—十堰市、襄阳市—襄阳市、黄冈市—宜昌市、荆门市—宜昌市、十堰市—咸宁市、咸宁市—宜昌市、黄石市—十堰市、鄂州市—宜昌市、孝感市—宜昌市、黄石市—荆州市、黄石市—襄阳市、荆州市—孝感市、咸宁市—襄阳市、十堰市—随州市、黄石市—孝感市、荆州市—咸宁市、黄冈市—黄石市、黄冈市—襄阳市、荆州市—随州市
第五层级	荆州市—仙桃市、黄冈市—黄冈市、潜江市—十堰市、黄石市—咸宁市、荆门市—荆门市、鄂州市—襄阳市、恩施土家族苗族自治州—宜昌市、黄石市—荆门市、仙桃市—襄阳市、鄂州市—黄石市、鄂州市—咸宁市、鄂州市—孝感市、恩施土家族苗族自治州—十堰市、荆州市—潜江市、随州市—咸宁市、鄂州市—荆门市、天门市—宜昌市、黄冈市—仙桃市、荆门市—孝感市、随州市—襄阳市、孝感市—孝感市、鄂州市—恩施土家族苗族自治州、黄冈市—荆门市、随州市—宜昌市、鄂州市—荆州市、恩施土家族苗族自治州—孝感市、黄冈市—咸宁市、黄冈市—孝感市、黄石市—仙桃市、荆门市—仙桃市、仙桃市—仙桃市、仙桃市—宜昌市、咸宁市—咸宁市、鄂州市—鄂州市、鄂州市—黄冈市、鄂州市—仙桃市、恩施土家族苗族自治州—咸宁市、黄冈市—随州市、十堰市—仙桃市、天门市—襄阳市、鄂州市—随州市、恩施土家族苗族自治州—黄冈市、恩施土家族苗族自治州—荆州市、潜江市—襄阳市、随州市—仙桃市、随州市—孝感市、咸宁市—孝感市、黄冈市—潜江市、潜江市—仙桃市、仙桃市—孝感市、恩施土家族苗族自治州—襄阳市、黄石市—黄石市、荆门市—潜江市、荆州市—天门市、潜江市—随州市、潜江市—孝感市、潜江市—宜昌市、神农架林区—武汉市、十堰市—天门市、仙桃市—咸宁市、恩施土家族苗族自治州—黄石市、恩施土家族苗族自治州—荆门市、恩施土家族苗族自治州—潜江市、黄冈市—天门市、黄石市—潜江市、荆门市—随州市、荆门市—咸宁市、潜江市—咸宁市、神农架林区—十堰市、随州市—随州市、随州市—天门市、天门市—孝感市

3. 湖北省创新网络演变

湖北省城市之间的创新联系相对稀疏，无法按年度或五年阶段进行更详细的阶段划分，本次对比以2010年为时间节点，将湖北省创新网络发展分为两个阶段。

对比1993—2010年和2011—2018年两个时期湖北省内各城市之间的创新网络关联度，发现2010年前湖北省内创新联系明显弱于2010年后，且城市之间的关联程度显著增强。2010年前，湖北省内城市关联主要集中在武汉市、孝感市、襄阳市、宜昌市之间，在武汉市—宜昌市—襄阳市、武汉市—孝感市—襄阳市、武汉市—孝感市—十堰市、十堰市—襄阳市—宜昌市之间形成了较为稳定的三角关系。2010年后，武汉市、十堰市、荆州市、荆门市与湖北省内其他城市的关联度显著加强，除孝感市与其他城市的关联度减弱外，其余城市之间的关联度均有增长。

4. "以武汉市为创新策源地辐射全省"格局变化趋势

在新的发展阶段，武汉市加强建设"科技创新强市"与国家级科技创新中心，曾提出"研发在武汉、转化在城市圈、转化在全省""研发在武汉，转化在城市圈"的创新功能定位，主要以武汉市的创新研发能力提升带动湖北省域发展。在技术转移数据的视角下，湖北省创新网络的60%由"以武汉市为创新策源地辐射全省"构成（图4-9）。

通过观察1993—2018年技术转移数据视角下省域创新网络时空的变化，发现武汉市辐射全省的能力变化趋势存在以下特征：武汉市与襄阳市、宜昌市、十堰市、黄石市的创新关联于2006年增强后始终处于较高状态；2012年至今，武汉市向湖北省进行技术辐射的区域有所增加、强度有所增长，其中武汉市对十堰市、黄冈市、荆州市的技术辐射能力增幅较大（表4-7）。

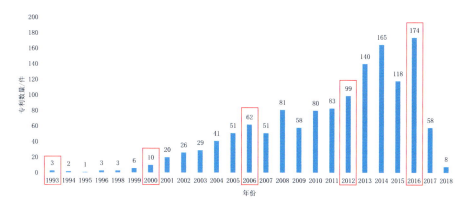

图 4-9 湖北省"创新在武汉,转化在湖北"趋势变化图

表 4-7 武汉市创新辐射区域发展变化示意

年份	专利转移层级				
	第五层级	第四层级	第三层级	第二层级	第一层级
1993—1999 年	荆门市、咸宁市	—	—	—	—
2000—2005 年	鄂州市、黄冈市、黄石市、随州市、天门市、襄阳市、孝感市	—	—	—	—
2006—2011 年	鄂州市、潜江市、天门市、仙桃市、咸宁市	荆门市、荆州市、孝感市	黄石市	十堰市、襄阳市、宜昌市	—
2012—2015 年	鄂州市、随州市、天门市、仙桃市	恩施土家族苗族自治州、黄冈市、荆门市、潜江市、十堰市	咸宁市	黄石市、荆州市、襄阳市、孝感市、宜昌市	—

续表

年份	专利转移层级				
	第五层级	第四层级	第三层级	第二层级	第一层级
2016—2018年	鄂州市、随州市、天门市、恩施土家族苗族自治州	仙桃市、咸宁市、孝感市	黄石市、荆门市	黄冈市、十堰市、襄阳市、宜昌市	荆州市

4.3.4 小结：城市创新发展建议

1. 进一步完善湖北省各级中心城市创新功能

表 4-8 为结合县级层面创新要素与创新网络分析形成的湖北省现状各级中心城市创新功能情况。从创新湖北建设视角来看，强化各级创新功能节点的创新功能，对区域创新发展作用显著。

表4-8 湖北省各级中心城市现状创新功能等级

创新功能等级		中心城市名称	判断依据
创新核心	一级核心	武汉市	创新策源、创新媒介、创新集散功能，创新网络重要性极高
	二级核心	襄阳市、宜昌市、十堰市	创新媒介、创新集散功能，创新网络重要性高
创新枢纽		仙桃市、孝感市、荆州市	创新网络重要性高，具备一定的创新媒介、创新集散功能
创新节点		鄂州市、潜江市、黄石市、天门市、恩施市、随州市、荆门市、咸宁市、黄冈市	创新网络重要性较高

2. 拓展创新型城市建设后备考察梯队

武汉市、宜昌市、襄阳市、黄石市、荆门市创新型城市建设推进有序,基于湖北省城市创新能力发展实际与省级创新发展战略考虑,建议将十堰市、荆州市、鄂州市等纳入创新型城市考察名单。

4.4 县:湖北省县(市、区)创新能力演变

4.4.1 湖北省县域工作概念范围界定

湖北省县域创新推进工作范围与县域经济一致,主要依靠省级统一创新推进工作体系,由县级层面执行。湖北省共有 103 个县(市、区),县域经济相关工作主要针对 79 个县(市、区),大城市的主城区、林区不属于县域创新推进工作范围;更为狭义的县域指代的范围是湖北省 63 个县(市)(表 4-9)。

表 4-9　湖北省县域概念指代范围

定义	工作对象	对应概念
湖北省 103 个县(市、区)	湖北省全部	湖北省所有县级行政单元
大城市主城区、林区(24 个)	黄石市区(黄石港区、铁山区、西塞山区、下陆区)、荆门市区(掇刀区)、荆州市区(沙市区)、神农架林区、十堰市区(茅箭区、张湾区)、武汉市区(东西湖区、汉南区、汉阳区、洪山区、江岸区、江汉区、硚口区、青山区、武昌区)、襄阳市区(樊城区、襄城区)、宜昌市区(点军区、伍家岗区、西陵区、猇亭区)	非县域概念指代范围

续表

定义	工作对象	对应概念
湖北省79个县（市、区）	鄂城区、华容区、梁子湖区、巴东县、恩施市、鹤峰县、建始县、来凤县、利川市、咸丰县、宣恩县、红安县、黄梅县、黄州区、罗田县、麻城市、蕲春县、团风县、武穴市、浠水县、英山县、大冶市、阳新县、东宝区、京山市、沙洋县、钟祥市、公安县、洪湖市、监利县、江陵县、荆州区、石首市、松滋市、潜江市、丹江口市、房县、郧西县、郧阳区、竹山县、竹溪县、曾都区、广水市、随县、天门市、蔡甸区、黄陂区、江夏区、新洲区、仙桃市、赤壁市、崇阳县、嘉鱼县、通城县、通山县、咸安区、保康县、谷城县、老河口市、南漳县、襄州区、宜城市、枣阳市、安陆市、大悟县、汉川市、孝昌县、孝南区、应城市、云梦县、当阳市、五峰土家族自治县、兴山县、夷陵区、宜都市、远安县、长阳土家族自治县、枝江市、秭归县	湖北省传统县域经济工作范围
湖北省63个县（市）	梁子湖区、巴东县、恩施市、鹤峰县、建始县、来凤县、利川市、咸丰县、宣恩县、红安县、黄梅县、罗田县、麻城市、蕲春县、团风县、武穴市、浠水县、英山县、大冶市、阳新县、京山市、沙洋县、钟祥市、公安县、洪湖市、监利县、江陵县、石首市、松滋市、潜江市、丹江口市、房县、郧西县、竹山县、竹溪县、广水市、随县、天门市、仙桃市、赤壁市、崇阳县、嘉鱼县、通城县、通山县、保康县、谷城县、老河口市、南漳县、宜城市、枣阳市、安陆市、大悟县、汉川市、孝昌县、应城市、云梦县、当阳市、五峰土家族自治县、兴山县、宜都市、远安县、长阳土家族自治县、枝江市、秭归县	更为狭义的县域指代范围

4.4.2 湖北省县域产业创新主体分布

1. 湖北省县域创新主体分布情况

湖北省县域产业科技创新主体数量如图4-10所示。

第 4 章 湖北省创新格局的时空演变

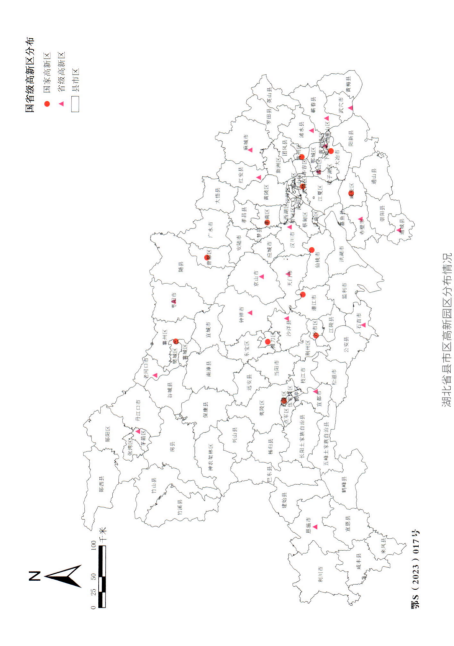

图 4-10 湖北省县市区各类产业创新主体分布

创新驱动发展：空间要素与格局

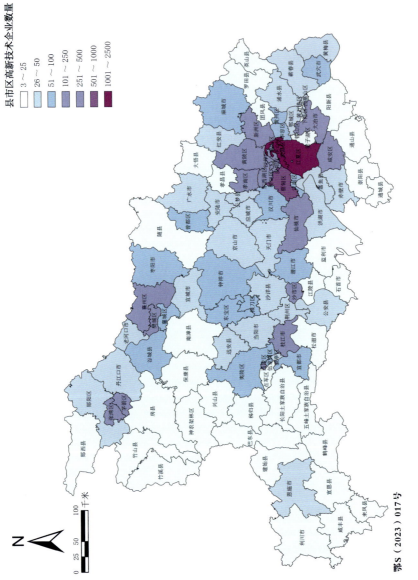

续图 4-10 湖北省县市区高新技术企业数量

第4章 湖北省创新格局的时空演变

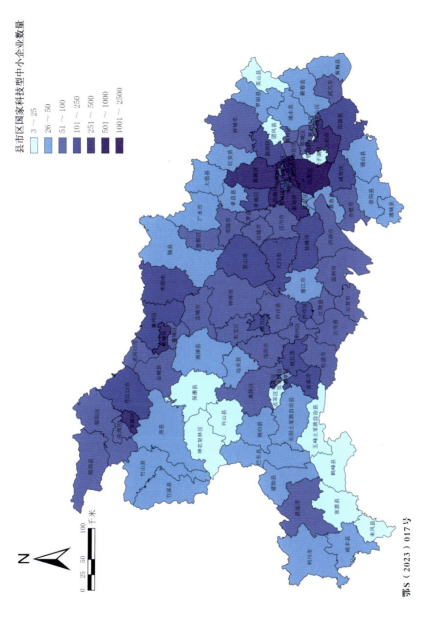

湖北省县市区科技型中小企业数量
续图4-10

创新驱动发展：空间要素与格局

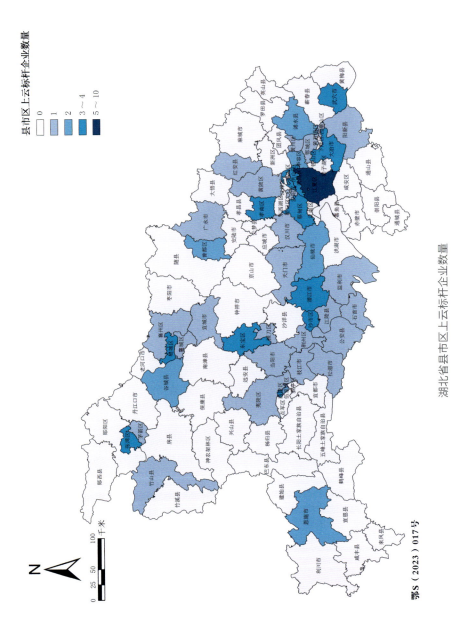

续图 4-10 湖北省县市区上云标杆企业数量

第4章 湖北省创新格局的时空演变

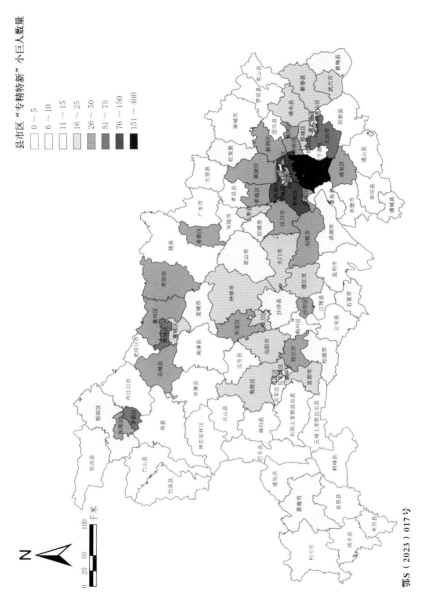

续图 4-10 湖北省县市区"专精特新"数量

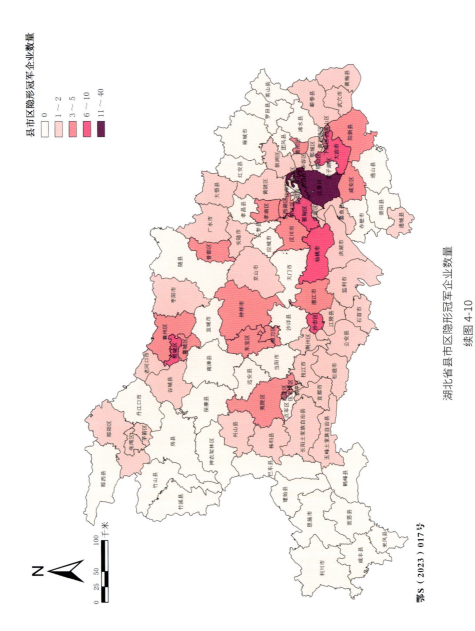

续图 4-10 湖北省县市区隐形冠军企业数量

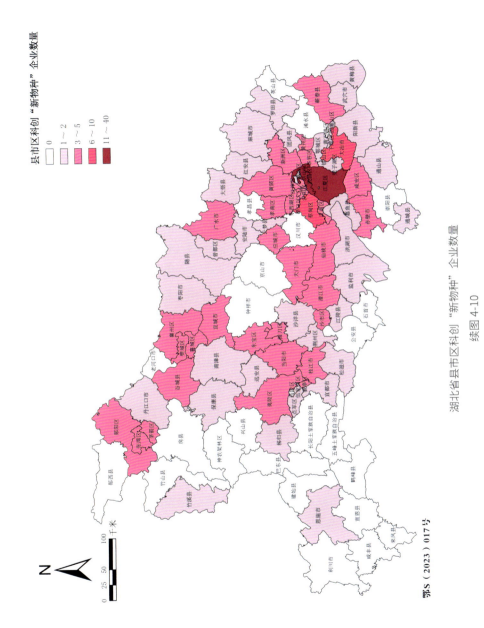

续图 4-10 湖北省县市区科创"新物种"企业数量

高新技术企业和国家级科技型中小企业是最为全面的创新主体；"上云标杆""专精特新"企业是传统产业转型升级、数字化转型的标杆，其分布能较好地表征县域优势产业转型意图；"隐形冠军"企业是一定区域范围内细分领域具有一定支配地位的生产型企业，其分布能表征县域优势产业在产业链中的地位；"瞪羚""独角兽""驼鹿"等科创"新物种"企业主要是新兴产业创新主体，其分布能作为双创环境指示器。

从县（市、区）创新主体分布情况来看，国家级、省级高新区是主要的产业科技创新推进平台，有高新区落位的县（市、区），其创新主体（高新技术企业和科技型中小企业）相对丰富。传统产业数字化转型类（"上云标杆""专精特新"企业）创新主体与新兴产业（科创"新物种"企业）创新主体主要落位于武汉市、宜昌市、襄阳市、十堰市、荆州市、荆门市等市区与市区周边县，较难蔓延至距离市区、高新区较远的县。"隐形冠军"企业分布与县域产业长期积累相关，部分企业高度依赖地方矿产资源与农业种植资源，目前部分县仍有分布。

2. 湖北省域汉十轴、沿江轴创新模式存在显著差异

结合创新活动强度与高新技术企业、科技型中小企业分布特征可以看到，沿汉十轴上县（市、区）创新活动显著集聚于十堰市区、襄阳市区、随州市区，形成了"市创新、县转化"的创新功能分工；而沿江轴上县（市、区）创新活动相对分散，县域创新能力较强，形成了"创新沿江集聚"的分布特征，宜昌市和武汉市是沿江轴线上的主要创新扩散源头。

从不同类型的创新主体分布情况来看，汉十轴、沿江轴"双创"环境相当，"新物种"企业数量差距不大。尽管汉十轴、沿江轴的创新模式存在差异，但各类创新型企业数量没有形成明显差距。

结合湖北省汽车支柱产业发展情况来看，在沿汉十轴线汽车产业创新主体区域再分配的过程中，创新主体分散导致十堰市汽车创新能力下降，十堰市汽车产业创新主要集中在传统汽车领域，武汉市引进的汽车产业创新主体主要聚集生产基地而非创新环节，从而导致在当前发展阶段，湖北省汽车支柱产业缺乏具有国际及国内竞争力的创新源头。

4.4.3 县域创新活动强度演化

专利数据是表征创新活动强度的常用指标，与产业创新能力通常呈线性关系。本书使用的专利数据，主要为通过"佰腾网"搜集的湖北省专利申请数据，包括中国实用新型、外观、发明三类，删除地址或名称缺失导致难以进行空间落位的数据，通过高德地图 API 获取经纬度并转换为 WGS-84 坐标系，经过人工校核与清洗，最终获得 2001—2021 年的共计 647878 条专利申请空间数据。

1. 湖北省创新活动轴向扩散趋势显著

通过对 2001 年、2011 年、2021 年三个年度的专利数据进行标准差椭圆分析（图 4-11），椭圆大小选取 1 标准差。结果显示，湖北省专利申请数据平均中心位于汉川市，在 2001—2011 年向西北方向移动了 18.14 千米，在 2011—2021 年向东南方向移动了 4.3 千米。2001—2021 年，专利空间数据标准差椭圆面积持续扩大，椭圆长轴方向性明显，可见湖北省创新活动沿汉十轴、沿江轴向西扩散趋势显著。

2. 县域创新整体增长趋势稳定

基于专利数据分析湖北省县域创新活动强度，结果显示，湖北省县（市、区）创新活动强度整体提升显著。湖北省县（市、区）创新活动强度占湖北省比重稳步提升，

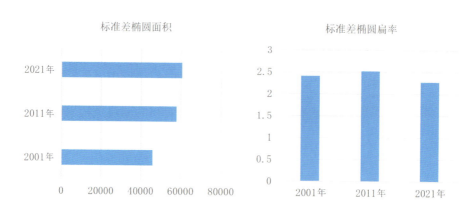

图 4-11　2001—2021 年专利申请数据标准差椭圆面积扁率对比表

79 个县（市、区）创新活动强度占湖北省的比重由 2001 年的 25% 增长至 2021 年的 53.0%，64 个县（市）创新活动强度占湖北省的比重由 2001 年的 12.5% 增长至 2021 年的 22.4%，均增长 1 倍左右。

2000 年至今，湖北省内县域创新活动增长显著快于传统主城区（图 4-12）。产业新区，国家级、省级高新区是创新活动增长的重要来源，新区对土地的需求较大，一般不会落位于传统主城区，过往的城郊县因设立新区而撤县改区，经过一段时间产业发展积累后，形成了一定的自主创新能力，成为主要的创新空间载体。

湖北省县域创新能力分化显著。由于创新主体以企业为主，创新动力主要来源于产业园区与高新区，这些产业创新空间分布是不均衡的，从而导致县域创新能力分化越来越显著。

通过计算湖北省 79 个县（市、区）创新活动的"离散系数"，可以看到在 2001—2011 年，县域创新活动强度分化严重，在 2011 年—2021 年，县域创新发展分化趋势有所收敛（表 4-10）。

第 4 章 湖北省创新格局的时空演变

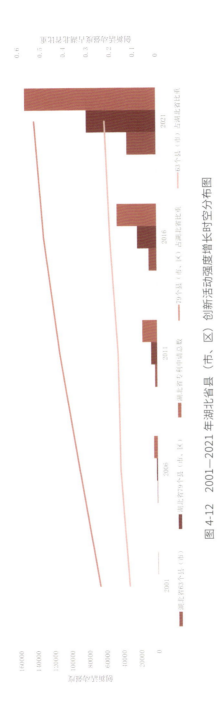

图 4-12 2001—2021 年湖北省县(市、区)创新活动强度增长时空分布图

表 4-10 湖北省县域创新活动强度离散系数

年份	2001 年	2006 年	2011 年	2017 年	2021 年
离散系数	1.70	1.63	2.53	2.11	2.134639

3. 湖北省创新轴向扩散过程中的县域创新活动分批起步

结合湖北省创新主体区域再分配情况与湖北省创新活动变化趋势，湖北省域创新轴向扩散过程主要存在于沿汉十轴、沿江轴两个方向。在汉十轴上，主要呈现为十堰市、襄阳市、随州市、武汉市汽车工业等区域再布局；在沿江轴上，主要呈现为武汉市、宜昌市沿江创新辐射。

基于创新活动强度增幅，可以大致确定在各时间阶段里进入县域创新发展起步阶段的县（市、区）。通过观察创新活动强度增幅与湖北省县域社会经济发展历程的关系，选取创新起步判定门槛，在湖北省 79 个县（市、区）范围内分别确定了三批创新起步县（市、区）（表 4-11）。

表 4-11　湖北省县域创新起步批次及名单

创新起步批次	名单
2001—2010 年第一批创新起步县（市、区）（16 个）	江夏区、蔡甸区、襄州区、夷陵区、孝南区、曾都区、咸安区、新洲区、夷陵区等城区与城郊区，以及大冶市、宜城市、宜都市、枝江市、天门市、黄梅县、阳新县等县（市）
2011—2016 年第二批创新起步县（市、区）（16 个）	荆州区、东宝区、黄陂区等城区与城郊区，汉川市、仙桃市、秭归县、安陆市、长阳土家族自治县、嘉鱼县、蕲春县、潜江市、当阳市、应城市、钟祥市、云梦县、公安县等县（市）
2017—2021 年第三批创新起步县（市、区）（21 个）	黄州区、鄂城区、华容区等城区与城郊区，枣阳市、赤壁市、浠水县、京山市、武穴市、谷城县、红安县、麻城市、广水市、恩施市、石首市、监利市、洪湖市、老河口市、江陵县、松滋市、崇阳县、沙洋县等县（市）

2001—2010 年，国家级、省级高新区设立对创新活动增长贡献极大，县域创新增幅热点区域主要为地级市主城区、城郊区与长江沿江县（市、区）。在第一批创新起步的县（市、区）中，宜昌市伍家岗区、西陵区，武汉市青山区等城区，以及宜昌

市夷陵区、孝南区等城郊区，尽管创新起步较早，但近年来创新活动强度相对增长乏力。

2011—2016年，创新活动增长热点区域开始向主城区周边蔓延。在第二批创新起步的县（市、区）中，黄石港区等城区，以及长阳土家族自治县、秭归县、应城市、安陆市等县（市），近年来创新活动强度增长相对乏力。

2017—2021年，创新活动增长热点区域进一步蔓延。

在三个阶段，在多次临近门槛值的县（市、区）中，利川市、兴山县、点军区三地创新增长相对较为乏力，在三个阶段都未能直接步入创新起步阶段，尚处于创新活动强度温和增长过程中。

4. 湖北省县域创新演化规律

2001—2010年，县域创新增幅热点区域主要为地级市主城区、城郊区与长江沿江县（市、区）。2011—2016年，创新活动增长热点区域开始向地级市主城区周边蔓延。2017—2021年，创新活动增长热点区域进一步蔓延，目前仅鄂西山区、大别山区、幕阜山区等少量县（市、区）一直未能实现产业创新起步。

尽管与沿海省份县域的创新水平不可比，但湖北省县域创新受益于省域创新的扩散过程，有了实质性的发展。

4.4.4　产业创新强县识别

1. 湖北省产业专业功能强县识别

湖北省县域优势产业数据主要根据湖北省县域产业发展统计数据，并结合湖北省"51020"现代产业体系发展布局梳理，参考湖北省级产业相关各类规划，尽可能系统性地归类湖北省县域主导产业发展现状（图4-13、图4-14），进而计算县域产业综合指数。

■ 创新驱动发展：空间要素与格局

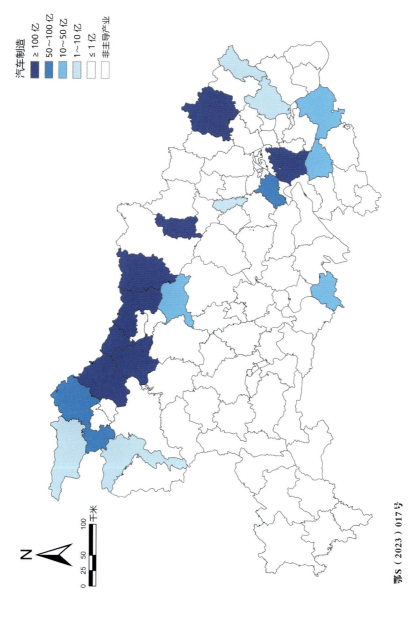

图 4-13　湖北省 5 个万亿级支柱产业县域分布
汽车制造

第4章 湖北省创新格局的时空演变

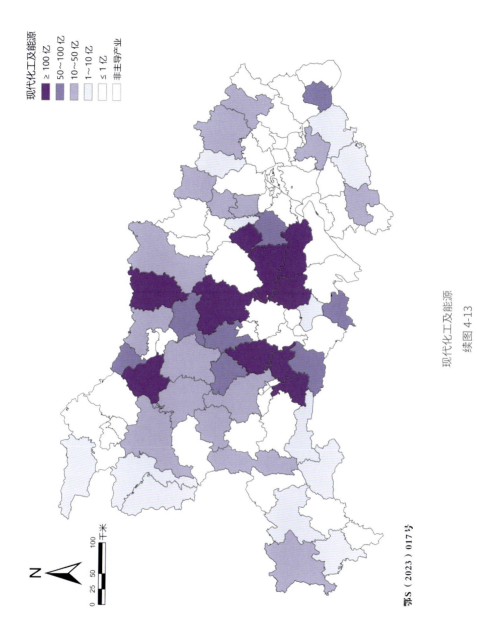

续图 4-13 现代化工及能源

创新驱动发展：空间要素与格局

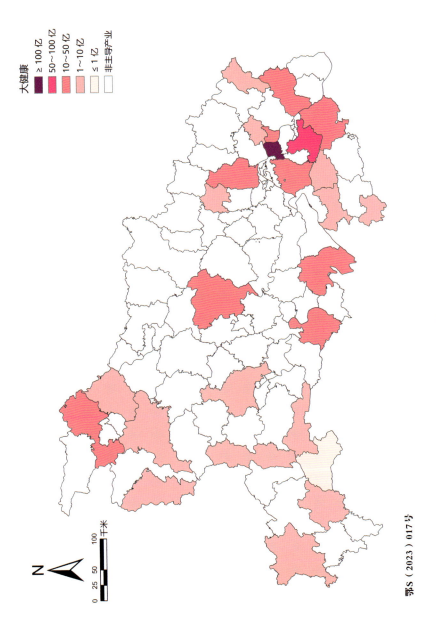

续图 4-13　大健康

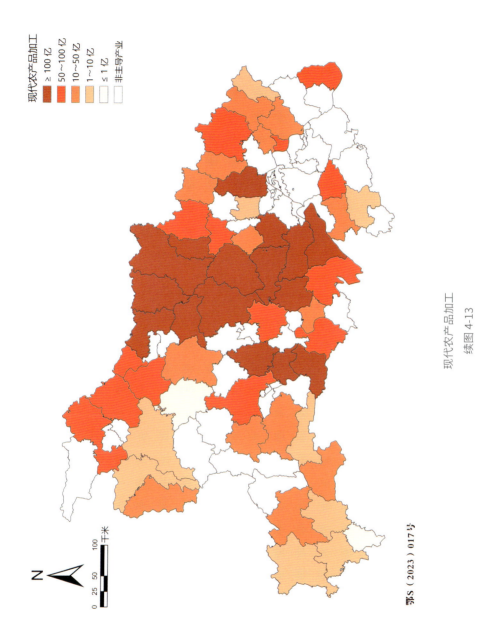

续图 4-13 现代农产品加工

创新驱动发展：空间要素与格局

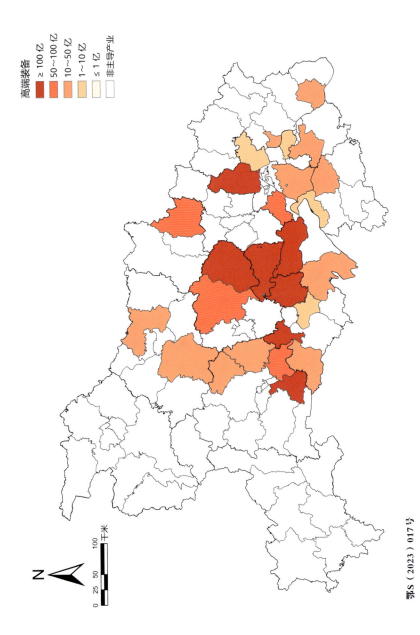

图 4-14 湖北省 10 个五千亿级优势产业县域分布

第 4 章 湖北省创新格局的时空演变

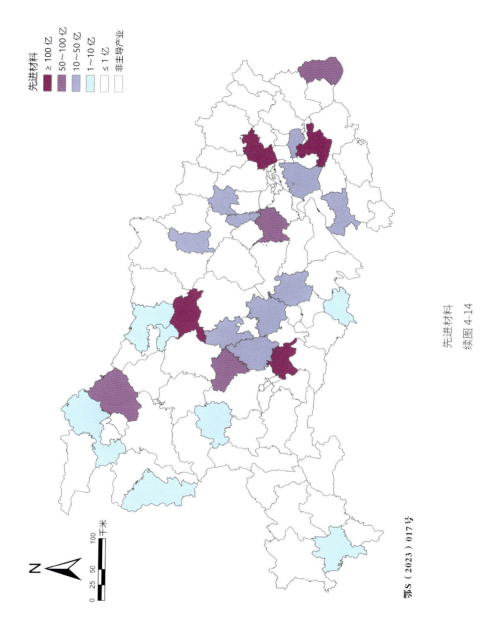

续图 4-14 先进材料

■ 创新驱动发展：空间要素与格局

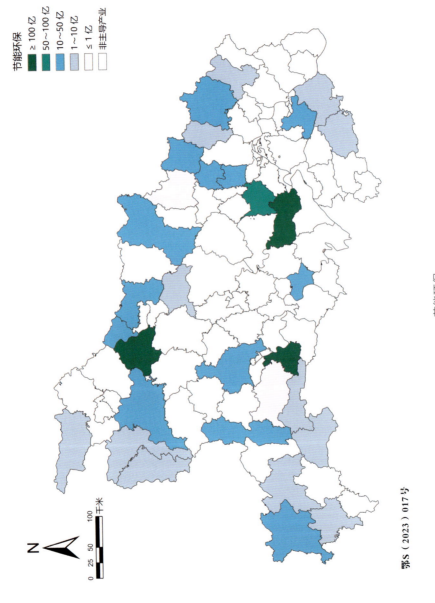

续图 4-14 节能环保

108

第 4 章 湖北省创新格局的时空演变

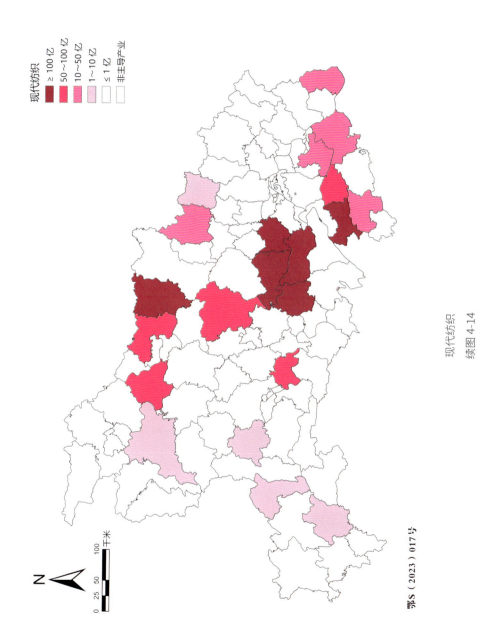

续图 4-14 现代纺织

■ 创新驱动发展：空间要素与格局

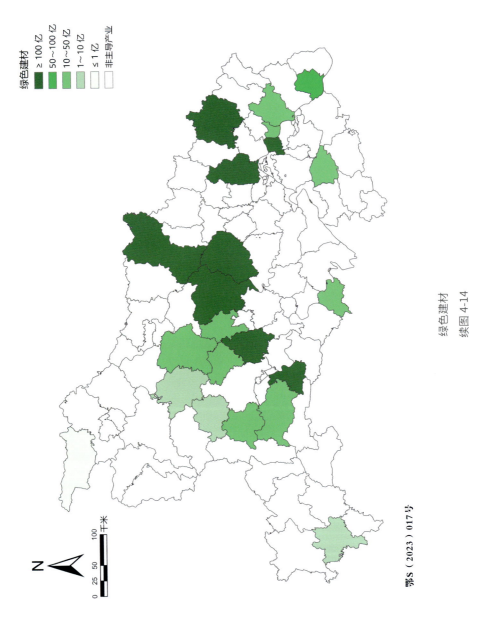

续图4-14
绿色建材

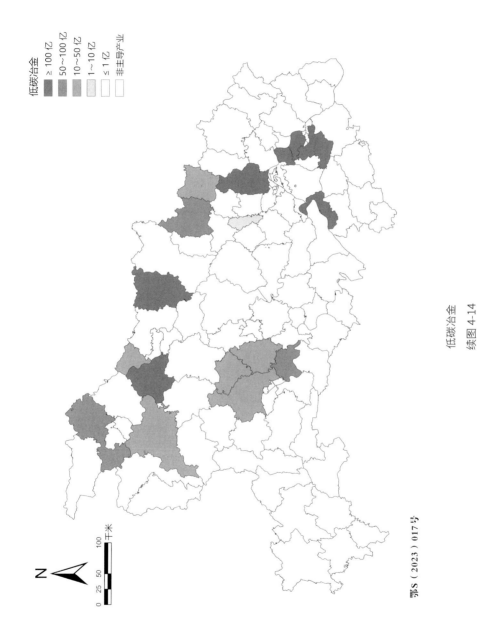

续图 4-14　低碳冶金

在湖北省的 5 个万亿级支柱产业中，汽车制造、现代化工及能源、大健康、现代农产品加工在县域有所分布。汽车制造产业在湖北省主要分布在襄十随汽车支柱产业带上，产业带以外仅有麻城市汽车零配件制造达到了百亿规模；在现代化工与能源产业方面，县域达到百亿规模的主要为化工产业，主要沿汉江、长江分布；在大健康产业方面，县域达到百亿规模的主要为生物医药产业，分布主要受原材料产地与种植规模影响；现代农产品加工强县主要分布于江汉平原，均为湖北省农产品主产区域。

在湖北省的 10 个五千亿级优势产业中，高端制造、先进材料、节能环保、现代纺织、绿色建材、低碳冶金 6 个优势产业在县域有所分布。高端制造、先进材料对交通可达性、信息敏感度与成熟的本地技术人才要求较高，其分布主要临近教育资源相对丰富的城市（武汉市、襄阳市、宜昌市、十堰市）的主城区；节能环保和现代纺织主要分布在水资源大县，受三线建设企业选址与水资源影响；绿色建材、低碳冶金对资源与交通综合成本要求较高，主要分布于资源大县与交通优势县。

经过筛选，湖北省有百亿主导产业的专业功能强县一共有 30 个（表 4-12）。

表 4-12　湖北省专业功能强县统计

市	县	百亿产业个数 / 个	市	县	百亿产业个数 / 个
仙桃市	仙桃市	5	随州市	随县	2
襄阳市	枣阳市	5	襄阳市	襄州区	2
潜江市	潜江市	4	襄阳市	宜城市	2
天门市	天门市	4	孝感市	汉川市	2
武汉市	黄陂区	4	鄂州市	鄂城区	1

续表

市	县	百亿产业个数/个	市	县	百亿产业个数/个
襄阳市	谷城县	4	荆州市	洪湖市	1
宜昌市	宜都市	4	荆州市	荆州区	1
鄂州市	华容区	3	荆州市	松滋市	1
荆门市	京山市	3	十堰市	丹江口市	1
荆门市	钟祥市	3	武汉市	江夏区	1
宜昌市	当阳市	3	武汉市	新洲区	1
宜昌市	枝江市	3	咸宁市	赤壁市	1
黄冈市	麻城市	2	咸宁市	嘉鱼县	1
黄石市	大冶市	2	襄阳市	老河口市	1
随州市	曾都区	2	孝感市	应城市	1

2. 湖北省产业与创新双强县识别

县域产业创新需要一定的产业发展积累，只有主导产业规模达到一定层次，才能进一步精细化、复杂化县域产业专业化分工，创造从事创新活动的岗位机会，创造环境与机会让各类创新主体进行创造和学习知识。

本书以 78 个县（市、区）为分析范围（由于数据过于突出，刨除江夏区），对产业与创新进行了耦合协调度分析（表 4-13）。由于新一代信息技术（光芯屏端网）、现代金融、现代物流、研发设计和科技服务、商务服务等产业基本只在武汉市有布局，没有被纳入县域主导产业梳理范畴，因而蔡甸区、江夏区、黄陂区、新洲区产业综合指数有所失真。

表 4-13　耦合协调度等级划分标准

耦合协调度 D 值区间	协调等级	耦合协调程度
(0.0~0.1)	1	极度失调
(0.1~0.2)	2	严重失调
(0.2~0.3)	3	中度失调
(0.3~0.4)	4	轻度失调
(0.4~0.5)	5	濒临失调
(0.5~0.6)	6	勉强协调
(0.6~0.7)	7	初级协调
(0.7~0.8)	8	中级协调
(0.8~0.9)	9	良好协调
(0.9~1.0)	10	优质协调

通过对产业综合指数与创新综合指数进行耦合协调分析，确定产业与创新综合指数象限分割点，从产业与创新中识别产业创新双强县，产业与创新综合指数均处于第一象限的双强县有大冶市、曾都区、天门市、黄陂区、仙桃市、襄州区、枣阳市、汉川市、宜都市、枝江市，这些市、区具备了一定的产业创新能力，已经建成专业化创新节点（图 4-15、图 4-16）。

通过将分析结果与湖北省创新型县（市、区）名单进行比对，可以发现产业与创新"亮点"县与创建名单基本拟合，仅远安县、郧阳区、京山市、华容区、宜城市等不在创建名单上。

除图 4-16 中的 34 个县（市、区）外，其他县域产业创新能力均处于相对较弱的状态，仍然需要进一步推进产业积累程度。

第4章 湖北省创新格局的时空演变

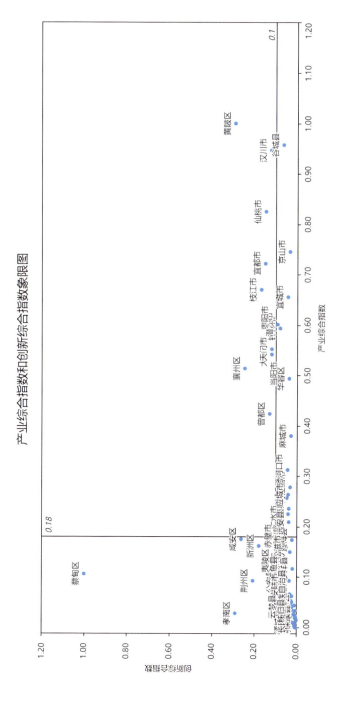

图 4-15 湖北省产业创新双强县识别示意图

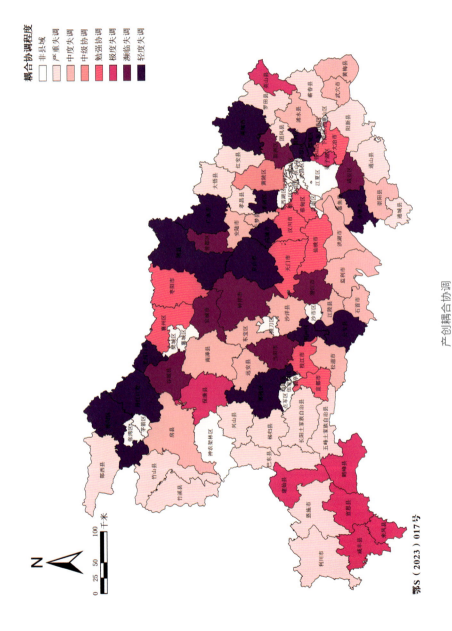

图4-16 湖北省78个县(市、区)产业创新耦合协调程度与产业创新双强县识别

第4章 湖北省创新格局的时空演变

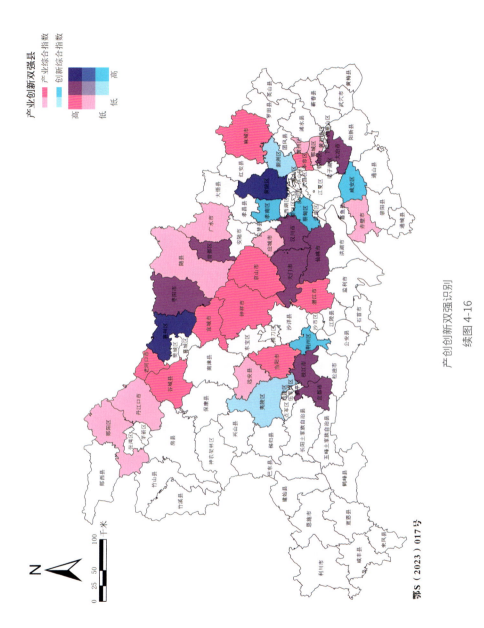

续图4-16 产创新双强识别

3. 湖北省县域创新发展阶段特征显著

基于上述多源数据分析的基础，可以看到湖北省县域产业创新发展阶段特征显著。结合省情，湖北省县域产业创新发展主要分为三个阶段（图4-17）：第一阶段，县域产业创新起步阶段，需要一段时间的产业发展积累，在此阶段产业技术主要依赖人才引进、招商引资带来的新企业自带技术或自行引进技术；第二阶段，县域产业创新成长阶段，优势产业达到一定规模后，形成了地方产业集群，通过进一步精细化、复杂化的县域产业专业化分工，创造该产业链上从事创新活动的岗位机会，形成一定规模的专业创新人才体系，从而逐步积累一定的产业技术自主创新能力；第三阶段，县域产业创新优势阶段，产业创新的积累对地方产业参与国内竞争形成了一定优势，可替代性减弱，目前湖北省仅大冶市、曾都区、天门市、黄陂区、仙桃市、襄州区、枣阳市、汉川市、宜都市、枝江市进入了县域产业创新优势阶段。

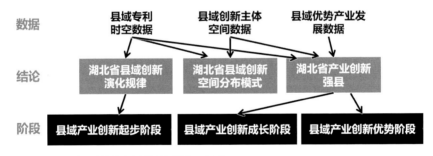

图 4-17 湖北省县域创新阶段划分逻辑示意图

部分地区县域创新尚未起步，主要集中在省域边缘山区，这些地区可能仍然处于产业积累过程中，也可能更为适合绿色创新发展路径。其创新不一定发生在工业方面，也可能发生在旅游业、文化创意产业等其他方面，其创新发展也将通过外观等知识产权申请反映到未来的专利数据上。

4.4.5 技术转移视角下的创新功能分析

1. 数据来源

本书针对湖北省创新发展实际,主要从技术转移的视角,摸清湖北省创新网络空间特征。由于技术和产品之间的复杂对应关系,很难对科技成果转化直接进行量化研究,故国内外更加关注科技成果转化前段过程——技术转移。联合国《国际技术转移行动守则(草案)》将技术转移定义为:关于制造一项产品、应用一项工艺或提供一项服务的系统知识的转让;技术转移是指知识溢出的一种形式,是科学技术转化为生产力重要的中间环节;技术转移是具有商品属性的技术知识在两个利益主体(技术供体和技术受体)间所有权和使用权的让渡,是一种带有科技性质的经济行为。对于创新主体而言,技术转移的完成说明其已经实现了在科技成果转化过程中的职能,两者概念可以"等同"。

1985—2019年,湖北省技术转移数据共计18574条,占全国的比例为2.31%。目前湖北省技术转移强度并不高,1985年至今累计技术转移体量与苏州市相当,与上海市差距较大(图4-18)。

2. 县(市、区)创新技术辐射强度

通过对湖北省县(市、区)创新技术的辐射强度进行分析,可以看到县(市、区)创新技术辐射强度分布呈现出长尾分布特征,极化现象显著。同时,可以发现湖北省各级中心城市是创新技术辐射功能的核心,其中武汉市、十堰市、襄阳市、咸宁市的市、区技术辐射强度靠前;县域创新通常处于湖北省域创新过程偏末端的位置,其创新功能主要为技术引入与技术转化,创新技术辐射强度偏低,区域创新影响力较弱(图4-19)。

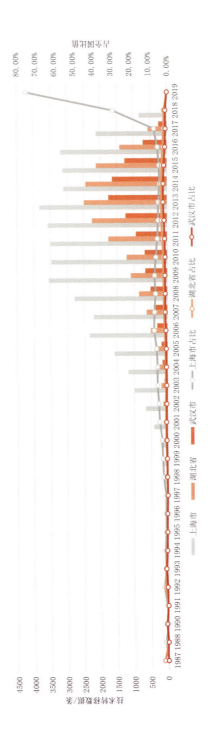

图 4-18 湖北省技术转移总体量示意图

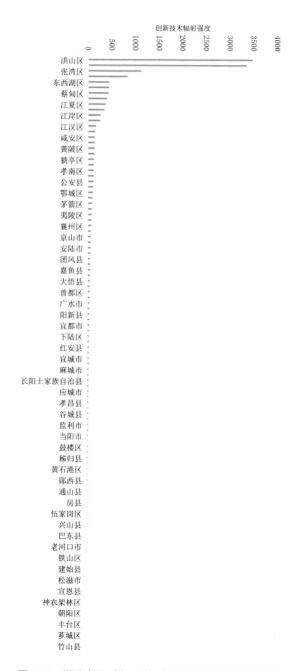

图4-19 湖北省县(市、区)创新技术辐射强度示意图

由此可见，在湖北省各级中心城市中，创新策源功能以武汉市为主。

3. 县（市、区）创新技术引进强度

从湖北省创新节点的创新技术引进强度规模等级来看，武汉市技术引进规模占湖北省总量的比重为 54.20%，其他地级市市、区技术引进规模占总量比重为 11.93%，县域技术引进总占比仅 32.87%。

从湖北省各级中心城市创新功能定位视角来看，武汉市、宜昌市、襄阳市、十堰市、荆州市、荆门市、孝感市、黄石市技术自给程度较高，技术引进强度高，创新集散功能强。

从湖北省技术自给情况来看，湖北省内的创新技术大多数引进于省内，占比为 80%。部分县域创新技术伴随省外招商引资项目引进，其技术引进依赖省外比重高，主要包括房县、利川市、汉川市、监利市、石首市、松滋市、当阳市、远安县、浠水县等地，技术引进来源地主要为广东省、上海市、北京市、江西省等。

专利技术的引入与转化，有助于保持生产技术的先进性。湖北省创新服务机构主要分布于武汉市与其他中心城市，这些地区起到了创新技术引入与集散的作用。

4. 省内技术辐射县（市、区）创新节点中心性

创新节点度中心性（degree centrality）可以衡量创新节点在创新网络中的地位和作用，判断它在网络中的重要性。从湖北省创新节点度中心性空间分布情况看，长江沿江地区与汉江流域的十堰市、襄阳市在创新网络中的重要性高。

创新节点接近中心性（closeness centrality）可以发现创新网络中知识传播效率最高的节点，从湖北省创新节点接近中心性的空间分布情况看，武汉市、宜昌市、襄阳市传播效率最高,创新集散功能较强。

创新节点中介中心性(betweenness centrality)可以看出创新节点在创新网络中的媒介作用。湖北省具有创新媒介功能的节点不多,武汉市区、宜昌市区、襄阳市区、十堰市区等的创新媒介功能较强。

创新节点特征向量中心性(eigenvector centrality)能够反映创新节点在创新网络中的综合地位。结合特征向量中心性数量分布情况,可以将湖北省创新节点分为核心、次核心、地方核心、外围4个层级。第一层级为武汉市区,第二层级包括江夏区、蔡甸区、仙桃区、孝南区、宜昌市区、荆州市沙市区共6个区,第三层级包括华容区、十堰市区等共36个县(市),第四层级包括当阳市等41个县(市、区)。

通过各类创新节点中心性空间可视化结果,可以看到武汉市、宜昌市、襄阳市、十堰市的创新核心与枢纽地位十分显著;沿长江的县(市、区)创新联系显著,同时通过创新网络联系方向来看,沿长江的县(市、区)不仅仅是产业创新转化的节点,也形成了一定的自主创新能力(表4-14)。

表4-14 湖北省县(市、区)尺度创新节点中心度统计

创新节点	所属地级市	创新节点度中心性	创新节点中介中心性	创新节点中介中心性	特征向量中心性	分级
武汉市区	武汉市	107	0.72	4193.49	1.00	核心(1个)
江夏区	武汉市	34	0.47	337.16	0.59	次核心(6个)
蔡甸区	武汉市	19	0.45	78.45	0.47	
仙桃市	仙桃市	22	0.43	96.31	0.37	
孝南区	孝感市	17	0.48	69.34	0.36	

续表

创新节点	所属地级市	创新节点度中心性	创新节点中介中心性	创新节点中介中心性	特征向量中心性	分级
宜昌市区	宜昌市	29	0.48	601.51	0.36	次核心(6个)
沙市区	荆州市	16	0.46	93.41	0.31	
华容区	鄂州市	9	0.43	4.44	0.28	
十堰市区	十堰市	17	0.36	431.39	0.26	
襄阳市区	襄阳市	21	0.50	465.39	0.25	
潜江市	潜江市	18	0.44	118.53	0.24	
黄石市区	黄石市	13	0.46	37.30	0.24	
黄陂区	武汉市	8	0.43	80.33	0.22	
鄂城区	鄂州市	7	0.43	7.03	0.22	
天门市	天门市	10	0.43	63.45	0.21	
荆州区	荆州市	10	0.44	6.46	0.21	地方核心(36个)
新洲区	武汉市	7	0.43	80.83	0.20	
夷陵区	宜昌市	8	0.46	81.52	0.19	
黄州区	黄冈市	13	0.45	242.73	0.19	
应城市	孝感市	6	0.42	0.50	0.18	
长阳土家族自治县	宜昌市	6	0.45	11.88	0.17	
兴山县	宜昌市	4	0.32	0.00	0.17	
汉川市	孝感市	5	0.43	0.00	0.16	
洪湖市	荆州市	5	0.43	0.73	0.16	

续表

创新节点	所属地级市	创新节点度中心性	创新节点中介中心性	创新节点中介中心性	特征向量中心性	分级
大悟县	孝感市	6	0.43	3.50	0.16	
大冶市	黄石市	7	0.43	13.80	0.16	
枝江市	宜昌市	8	0.38	33.54	0.16	
公安县	荆州市	7	0.43	7.94	0.16	
安陆市	孝感市	4	0.42	0.00	0.16	
襄州区	襄阳市	10	0.48	19.85	0.15	
恩施市	恩施土家族苗族自治州	9	0.33	168.64	0.15	
阳新县	黄石市	3	0.42	0.00	0.15	
黄梅县	黄冈市	5	0.44	3.93	0.14	地方核心 (36个)
团风县	黄冈市	6	0.44	49.24	0.14	
掇刀区	荆门市	9	0.44	102.27	0.14	
广水市	随州市	5	0.32	1.83	0.14	
沙洋县	荆门市	6	0.44	1.33	0.13	
通城县	咸宁市	3	0.42	0.00	0.13	
崇阳县	咸宁市	3	0.43	36.42	0.12	
嘉鱼县	咸宁市	3	0.43	0.00	0.12	
麻城市	黄冈市	3	0.43	0.00	0.12	
咸安区	咸宁市	7	0.44	0.00	0.12	
钟祥市	荆门市	4	0.43	0.00	0.12	

续表

创新节点	所属地级市	创新节点度中心性	创新节点中介中心性	创新节点中介中心性	特征向量中心性	分级
浠水县	黄冈市	8	0.43	15.55	0.11	地方核心（36个）
当阳市	宜昌市	5	0.34	5.02	0.08	
五峰土家族自治县	宜昌市	4	0.32	68.70	0.06	
罗田县	黄冈市	4	0.31	4.70	0.06	
宜都市	宜昌市	5	0.44	2.28	0.06	
远安县	宜昌市	4	0.44	0.00	0.04	
秭归县	宜昌市	2	0.32	0.00	0.04	
郧阳区	十堰市	5	0.44	50.84	0.04	
谷城县	襄阳市	4	0.44	2.25	0.03	
神农架林区	神农架林区	2	0.00	0.00	0.03	外围（41个）
通山县	咸宁市	3	0.42	0.00	0.03	
老河口市	襄阳市	6	0.47	4.34	0.03	
枣阳市	襄阳市	6	0.44	0.20	0.03	
丹江口市	十堰市	4	0.33	81.18	0.03	
房县	十堰市	4	0.44	11.17	0.03	
郧西县	十堰市	4	0.44	5.25	0.03	
宜城市	襄阳市	4	0.43	0.00	0.03	
红安县	黄冈市	4	0.44	2.33	0.02	
孝昌县	孝感市	2	0.32	0.00	0.02	

续表

创新节点	所属地级市	创新节点度中心性	创新节点中介中心性	创新节点中介中心性	特征向量中心性	分级
武穴市	黄冈市	5	0.43	0.40	0.02	
英山县	黄冈市	2	0.42	0.00	0.02	
利川市	恩施土家族苗族自治州	3	0.42	72.00	0.02	
宣恩县	恩施土家族苗族自治州	3	0.25	5.75	0.02	
东宝区	荆门市	6	0.44	1.75	0.02	
曾都区	随州市	5	0.33	8.84	0.00	
保康县	襄阳市	1	0.00	0.00	0.00	
巴东县	恩施土家族苗族自治州	0	0.00	0.00	0.00	外围（41个）
赤壁市	咸宁市	1	0.42	0.00	0.00	
监利市	荆州市	1	0.32	0.00	0.00	
建始县	恩施土家族苗族自治州	2	0.43	0.00	0.00	
江陵县	荆州市	3	0.44	0.00	0.00	
京山市	荆门市	1	0.42	0.00	0.00	
来凤县	恩施土家族苗族自治州	2	0.43	0.00	0.00	
梁子湖区	鄂州市	1	0.42	0.00	0.00	
南漳县	襄阳市	6	0.46	0.00	0.00	
蕲春县	黄冈市	3	0.43	0.00	0.00	

续表

创新节点	所属地级市	创新节点度中心性	创新节点中介中心性	创新节点中介中心性	特征向量中心性	分级
石首市	荆州市	3	0.43	0.00	0.00	
松滋市	荆州市	2	0.43	0.00	0.00	
随县	随州市	3	0.32	0.00	0.00	外围（41个）
咸丰县	荆州市	3	0.31	0.00	0.00	
云梦县	孝感市	6	0.44	0.00	0.00	
竹溪县	十堰市	1	0.42	0.00	0.00	

5. 省内创新地区辐射网络联系度

创新辐射网络联系度反映地区之间的创新联系强度，是一个地区向另一个地区申请专利的数量，其联系可能是单向的，也可能是双向的。在各地区专利申请数据的基础上，我们对其数值进行自然对数计算，并通过标准差距离分割方法将其划分为9个联系强度等级。

通过对省内县（市、区）尺度创新联系度进行可视化分析，对技术来源于相同地级市的联系赋予同种颜色，可以看到其呈现出显著的"东强西弱"格局特征。沿长江、汉江联系紧密，创新技术联系沿轴带传导扩散效应显著；除恩施土家族苗族自治州外，武汉市与湖北省各地区创新联系紧密，武汉市在省内具有一定的技术辐射统治力，汉江带上的汽车产业创新要素自西向东流向蔡甸区趋势显著（图4-20）。

4.4.6 社群网络分析

通过社群网络分析，对湖北省创新网络局部网络节点拓扑关系与特征、凝聚子

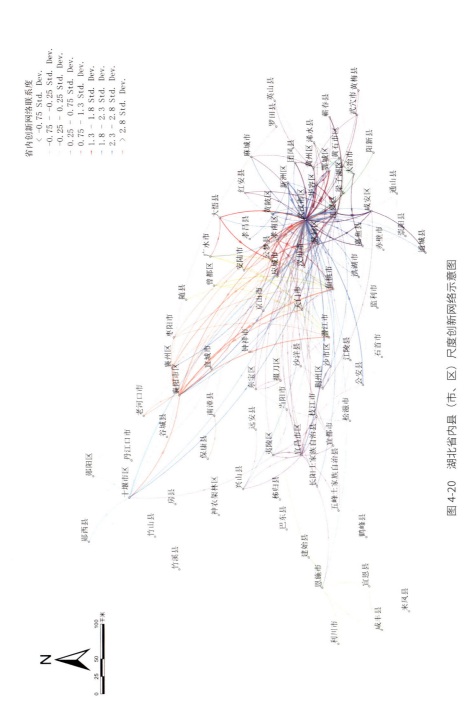

图 4-20 湖北省内县(市、区)尺度创新网络示意图

群现象等进行研究，有助于观察各创新节点的实际功能，从而划分湖北省创新节点的功能体系。

1. 社群网络引入概念及计算公式

社会网络分析是当前社会学、传播学相对较为常用的分析方法，该方法通过系列指标来描述"网络""节点""边"，并能够基于"边"权重剖分节点"族群"，进而从多重视角完整地刻画社群网络特征。

度中心性是衡量地区 i 作为创新节点在创新网络中的联系广度。一个节点的节点度越大，意味着该节点的度数中心度越高，该节点在网络中就越重要。计算公式如下：

$$DC_i = \frac{k_i}{N-1} \quad \text{（式 4-5）}$$

式中：k_i 表示现有的与节点 i 相连的边的数量，$N-1$ 表示节点 i 与其他节点都相连的边的数量。

接近中心性可用于衡量节点的重要性。某个节点的接近中心度 CC_i 为：

$$CC_i = \frac{1}{d_i} \quad \text{（式 4-6）}$$

$$d_i = \frac{1}{N-1}\sum_{j=1}^{N} d_{ij} \quad \text{（式 4-7）}$$

式中：d_i 表示节点 i 到其余各点的平均距离，平均距离的倒数就是接近中心度。

中介中心性可衡量地区 i 作为创新节点在创新网络中作为媒介的能力。计算公式如下：

$$BC_i = \sum_{s \neq i \neq t}^{N} \frac{n_{st}^i}{g_{st}} \quad \text{（式 4-8）}$$

式中：BC_i 表示节点 i 连接其他节点的最短路径之和；n_{st}^i 表示经过节点 i 且为最短路径的路径数量；g_{st} 表示连接 s 和 t 的最短路径的数量。

归一化（令结果小于 1）后，有：

$$BC_i = \frac{1}{(N-1)(N-2)/2} \sum_{s \neq i \neq t}^{N} \frac{n_{st}}{g_{st}} \quad \text{（式 4-9）}$$

特征向量中心性表示一个节点的重要性既取决于其相邻节点的数量，也取决于其相邻节点的重要性。

记 x_i 为节点 i 的特征向量中心度度量，则：

$$EC_i = x_i = c \sum_{j=1}^{n} a_{ij} x_j \quad \text{（式 4-10）}$$

式中：EC_i 表示节点 i 所连接其他节点的重要系数之和；a_{ij} 为邻接矩阵，当且仅当 i 与 j 相连，否则为 0。其中 c 为一个比例常数，记 $x = [x_1, x_2, x_2, \ldots, x_n]^T$，经过多次迭代达到稳态时，得到每个节点的特征向量中心性 EC_i。

2. 湖北省社群网络特征描述

为了更加清晰地探究湖北省内区域创新网络空间格局以及各城市的地方创新网络和跨界创新网络现状，将发生创新活动功能联系的主体双方在区、县尺度进行分析。结果显示湖北省以武汉市区、宜昌市区、襄阳市区、十堰市区、恩施市为核心的多中心区域创新网络格局已经初步形成（图 4-21）。

3. 湖北省县域创新凝聚子群

凝聚子群分析是社会网络分析中的重要方法，其目的是揭示社会行动者之间实际存在的或者潜在的关系。

通过创新网络聚类分析网络内凝聚子群现象，能够更为深入地刻画创新网络的内部联系特征。运用 Gephi 软件进行聚类运算来划分湖北省的创新网络子结构，可划分为 5 个凝聚子群，当前划分模块度为 0.522，划分质量较好。

湖北省创新网络凝聚子群结果显示，在创新技术知识流动过程中，近邻优势与

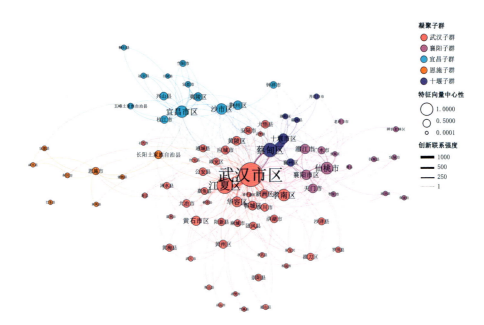

图 4-21　湖北省创新网络凝聚子群县（市、区）拓扑关系示意图

空间距离阻抗作用显著，在省域创新网络小团体形成中起主要作用。因武汉市的技术虹吸与辐射主导，在十堰市、襄阳市、蔡甸区间存在跨区域的汽车产业专业化创新联系，十堰市南部的房县与竹溪县相较十堰市与武汉市联系更为紧密，空间距离阻抗作用局部失效。湖北省创新网络凝聚子群划分呈现出比较显著的流域分异特征，长江流域与汉江流域分别可以被划分为更小的片区。两大流域创新网络模式有所差异，长江流域呈现出"创新沿江传导，区域创新一体化"的空间特征，汉江流域呈现出"市区各自与武汉联系紧密，与区域联系较弱"的空间特征。

4.4.7　小结

本书基于县域专利时空数据、创新主体空间数据、优势产业数据，总结了湖北省县域的创新演化规律、县域创新空间分布模式，提炼了县域的创新发展阶段。

1. 湖北省县域创新演化规律

湖北省县域创新扩散趋势明显，县域创新发展受益于中心城市创新扩散过程，创新主要自武汉市、黄石市、宜昌市、襄阳市、十堰市等地级市市区与沿江地区向外辐射，沿江、沿路传导，向周边毗邻地区蔓延开来。

2. 湖北省县域创新空间分布模式

湖北省汉十轴、沿江轴县域创新模式差异显著。汉十轴上形成了"市创新、县转化"的创新功能分工；而沿江轴上的县域创新能力较强，形成了"创新沿江集聚"的分布特征。

3. 湖北省县域创新发展阶段

湖北省县域产业创新发展主要分为三个阶段：产业创新起步阶段、产业创新成长阶段、产业创新优势阶段。产业创新尚未起步的地区，未来可能通过产业积累进入产业创新起步阶段，也可能更为适合绿色创新发展的路径。

4. 湖北省创新型县（市、区）考察后备梯队建议

建议将南漳县、蕲春县、远安县、郧阳区、京山市、华容区、宜城市纳入创新型县（市、区）创建考察名单。

4.5 湖北省创新格局现状特征

创新空间是集聚创新活动的区域，是创新活动的空间载体，集聚了知识、人才、

技术、资金等创新资源，具体包括创新主体、创新要素和创新支撑环境；是创新城市的创新极，是创新型城市建设的重要支撑。湖北省创新空间分布特征与城镇发展空间规律、产业空间布局紧密相关。通过对以上创新要素进行分析，发现湖北省创新空间呈现出以下五大特征。

4.5.1　湖北省创新空间呈现"东强西弱"的非均衡性特征

无论是创新要素、创新主体，还是创新园区与基地，或者是在创新县、市空间分布上，都表明湖北省绝大多数优质高校资源集中在武汉，随着武汉市创新资源的集聚，科技创新的外溢与转移效应逐渐扩散到武汉"1+8"城市圈内，湖北省鄂东区域现已初步形成东湖高新区、光谷科学城、环大冶湖智慧创新组团、葛店—红莲湖科创组团、咸宁等创新组团，科技创新能力主要集聚在光谷科创大走廊周边。

鄂西地区的宜昌市、襄阳市、十堰市创新资源分布相对较少，长期以来襄阳市只有湖北文理学院一所省属本科院校，襄阳市、宜昌市产业专业化优势突出，但是缺少国家级重点实验室布局，反过来就制约了技术革新对产业升级转型的支撑。鄂西地区若要建设区域科技创新中心，没有科技创新平台的支撑不可能实现。

湖北省鄂西地区、鄂中地区的城市科创竞争力普遍不强，难以形成科创全域协同，也不具备规模优势。总体而言，湖北省现状科技创新出现失衡局面，这将制约湖北省全域科创水平的提升，同时也将会影响经济发展"全域协同"。

4.5.2　湖北省创新空间呈现"武汉独大，首位度高"的特征

近年来，武汉市科创实力持续增强。世界知识产权组织发布的《2021年全球创新指数报告》显示，武汉市排名连续4年上升，位列世界城市集群第25位、中

国城市第 6 位，继武汉市之后，湖北省仅有十堰市、宜昌市进入科技创新竞争力 TOP100。在中部地区科技创新竞争力 TOP100 城市中，湖北省有武汉市（6 位）、十堰市（84 位）、宜昌市（93 位）；河南省的科技创新竞争力 TOP100 城市分别为郑州市（24 位）、安阳市（54 位）、洛阳市（57 位）、南阳市（58 位）、开封市（82 位）、新乡市（88 位）、信阳市（96 位）；湖南省的科技创新竞争力 TOP100 城市分别为长沙市（17 位）、株洲市（61 位）、常德市（73 位）、湘潭市（75 位）；安徽省的科技创新竞争力 TOP100 城市分别为合肥市（13 位）、芜湖市（74 位）。且这些城市排名整体要好于十堰市和宜昌市。放眼全国，湖北省拥有科技创新竞争力 TOP100 城市的数量，仅位居第 11。

湖北省省会城市武汉市的科技创新资源，如创新要素、创新主体、创新园区与基地呈现"强核心"的集聚分布，"武汉独大，首位度高"的特征明显，武汉市已在国家城市乃至全球科技创新中占有举足轻重的地位。创新资源空间分布应与城市空间结构分布规律相互匹配，即呈现倒三角的金字塔结构，才是稳固的、健康的创新空间结构。目前来看，襄阳市、宜昌市创新能力还有待提升，应与武汉市创新水平形成阶次分明的衔接，这就要求襄阳市、宜昌市要在区域性创新格局中发挥该有的作用，提升科技创新的水平。

4.5.3 湖北省科技创新的主要聚集区是各级中心城市

省域中心城市、省域副中心城市、区域中心城市聚集湖北省创新主体、创新园区、创新基地、创新县市等创新资源，科技创新水平正在逐步提升。根据《中国城市科技创新发展报告（2021）》对湖北省各市科技创新发展指数进行排名，由高到低依次为武汉市、宜昌市、襄阳市、荆州市、十堰市、黄石市、荆门市、孝感市、咸宁市、黄冈市、鄂州市、随州市。其中武汉市（省域中心城市）、宜昌市、襄阳市（省域副中心城市）、荆州市、十堰市（区域中心城市）、黄石市（武汉城市圈副中心城市）高于全国平均水平，而其他城市低于全国平均水平，可以看到，湖北省科技创新条件较好的区域主要聚集在各级中心城市。

4.5.4 湖北省科技创新集群和集聚效应正在逐步形成

产业衍生的创新链仍是湖北省现阶段创新集聚的重要前提，紧扣"围绕产业链部署创新链，围绕创新链布局产业链"是当下构建湖北省创新格局的重要纽带，目前依托产业创新产生的科技创新外溢效应逐渐显现，初步形成了三大创新产业集群。

"武鄂黄黄"创新集群：武汉市横向科技创新能力溢出力大于纵向溢出力，武鄂黄黄、武孝科技创新技术关联更加紧密，相比咸宁市、广水市、红安县、大悟县等沿京广线的经济联系相对较弱。

"襄十随""宜荆荆"创新集群：宜昌市、襄阳市、十堰市产业发展独具特色，结合优势产业，目前已初步形成了与产业研发紧密结合的科研机构、创新主体，以产业为主导的创新链条正在搭建，目前随州市—襄阳市—十堰市形成了湖北省北部阵列的产业创新集群，宜昌市—荆州市—荆门市形成了湖北省南部阵列的产业创新集群。

4.5.5 湖北省县（市）创新主要依托各自主导的特色产业

总体来看，湖北省还处于创新空间与产业发展紧密结合的阶段，创新空间主要聚焦于产业结构创新，围绕"产业链布局创新链"仍是目前湖北省县（市）发展的主要模式。通过分析2021年各大产业总产值全省排名遴选情况，湖北省宜都市、京山市、汉川市、大冶市、丹江口市、潜江市、天门市、谷城县、仙桃市、钟祥市、团风县、房县、应城市、枝江市、麻城市共 15 个县（市）是主导特色产业优势的县（市），其中，宜都市、大冶市、仙桃市 3 个为国家级创新县市；枝江市、潜江市、钟祥市、谷城县、应城市、麻城市、天门市、汉川市、房县、丹江口市、团风县 11 个为省级创新型县（市）。由此来看，创新型县（市）的主要创新聚焦点是产业集群的创新，湖北省县（市）创新主要依托各自主导的特色产业特征明显。

4.6 湖北省创新发展阶段判断

4.6.1 湖北省创新发展水平评价

按照 2001—2020 年的《中国区域创新能力评价报告》，湖北省区域创新能力综合效用值从 2001 年的 25.53% 提升到 2021 年的 32.83%，从低于全国平均值到远超全国平均值，在全国的排名从第 13 位上升到第 7 位（图 4-22）。

图 4-22 2001—2021 年区域创新能力综合效用值示意图（%）
（数据来源：2001—2021 年的《中国区域创新能力评价报告》）

从全国层面来看，湖北省经济实力基本稳定在全国第 7 位左右，科技创新能力排名虽然有较大波动，但近年实力增长明显。总体来说，湖北省科技创新能力与经济实力大体相当，处在全国靠前的位置（图4-23）。

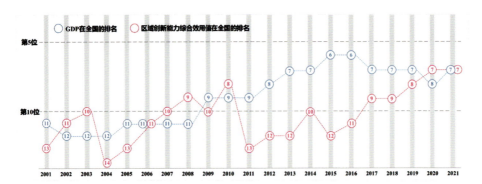

图4-23　2001—2021年湖北省GDP和创新能力综合效用值全国排名示意图
（数据来源：2001—2021年的《中国区域创新能力评价报告》）

尽管湖北省科技创新综合实力比较靠前，但是从创新能力综合效用值来看（图4-24），广东省、北京市、江苏省、上海市、浙江省属于第一档次，湖北省与之差

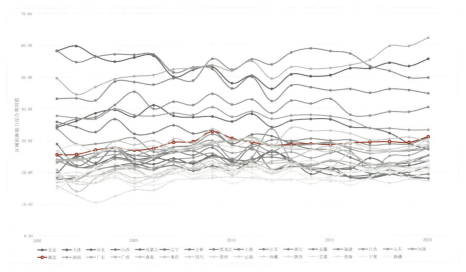

图4-24　2001—2021年全国各省区域创新能力综合效用值变化趋势图（%）
（数据来源：2001—2021年的《中国区域创新能力评价报告》）

距较大,安徽省、四川省、陕西省、湖南省等省份紧随湖北省之后,差距微弱。因此,湖北省科技创新能力面临较大压力,亟待突破提升。

从分项评价指标来看,湖北省创新效率、创新潜力与综合实力不相匹配。只有企业创新的效率和潜力相对较强;知识创造的效率和潜力仅排第14位;知识获取的效率和潜力掉到第19位以下,主要原因是技术转移综合指标和外资企业投资综合指标偏低;创新环境的效率仅排第22位,其中劳动者素质综合指标和金融环境综合指标较低;创新绩效综合指标受产业国际竞争力综合指标、就业综合指标的拖累,排名也比较靠后(表4-15、图4-25)。

表4-15 2021年湖北省创新能力分项指标及排名

指标名称	指标值	全国排名	指标名称	指标值	全国排名
1 知识创造综合指标	31.92	7	4 创新环境综合指数	28.36	9
1.1 研究开发投入综合指标	26.25	8	4.1 创新基础设施综合指标	30.38	13
1.2 专利综合指标	35.74	10	4.2 市场环境综合指标	30.81	9
1.3 科研论文综合指标	35.62	8	4.3 劳动者素质综合指标	30.21	15
2 知识获取综合指数	22.18	15	4.4 金融环境综合指标	16.66	14
2.1 科技合作综合指标	37.21	8	4.5 创业水平综合指标	33.77	11
2.2 技术转移综合指标	11.54	28	5 创新绩效综合指标	41.03	11
2.3 外资企业投资综合指标	18.88	13	5.1 宏观经济综合指标	47.17	7
3 企业创新综合指标	37.69	7	5.2 产业结构综合指数	35.63	9

续表

指标名称	指标值	全国排名	指标名称	指标值	全国排名
3.1 企业研究开发投入综合指标	44.89	8	5.3 产业国际竞争力综合指标	17.15	16
3.2 设计能力综合指标	29.34	6	5.4 就业综合指数	30.62	19
3.3 技术提升能力综合指数	30.44	12	5.5 可持续发展与环保综合指标	74.56	5
3.4 新产品销售收入综合指数	46.68	6	—	—	—

（数据来源：2021年《中国区域创新能力评价报告》）

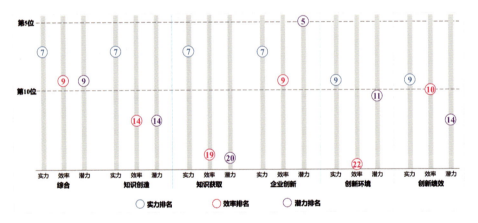

图4-25　湖北省科技创新各维度指标排名示意图
（数据来源：2021年《中国区域创新能力评价报告》）

综合评价来看，湖北省具有较扎实的科技创新基础，积累了一定的科技创新底蕴，已经高度注重创新投入，但是创新能力向创新效率的转化还处于较低的水平，创新潜力还有待激发。

4.6.2 湖北省创新发展阶段研判

1. 科技创新阶段理论

张永安等按照科技创新的政策特点,将科技创新分为三个阶段(图 4-26、表 4-16)。

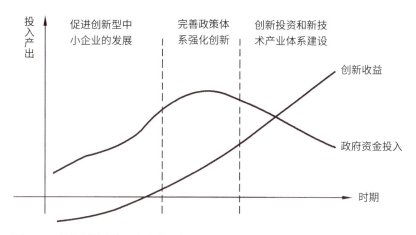

图 4-26 科技创新政策三个阶段示意图

表 4-16 科技创新三阶段周期政策范畴

	第一阶段	第二阶段	第三阶段
政策重点	支持企业研发创新和创建研发创新支持网络	提升政策能力为加快创新创造政策条件	建立创新投资和新技术产业化体系
涉及对象	企业、政府部门、科研机构、中介组织、海外组织	政府部门、企业、全球研发人员	具体创新部门及创新集群的相关组件
作用方向	对研发一线的直接或间接支持,完善科技制度,鼓励企业自主创新	对技术基础设施及研发项目提供支持,建立战略性创新论坛和战略性创新政策	创新投资体系建设,定向项目支持,加速新技术产业化体系建设

续表

	第一阶段	第二阶段	第三阶段
具体措施	政策反馈，项目支持，学习型创新导向，建设创新支持网络，企业技术研发自由化，促进全球多领域创新合作等	完善政策，引进政策评估和政策协同新机制，项目合作研发，技术中心建设，培育技术孵化器，战略升级等	部门化发展，创投和私募基金参与，技术合作、交流项目推广，推动新技术形成产业，刺激企业原创

第一阶段是通过直接或间接的支持促进创新型中小企业发展的阶段。这一阶段的战略重点是针对创新一线的技术型研发企业，直接或间接地影响企业研发部门：通过科技创新政策促进企业部门间有效的创新扩散，包括通过新技术的传播和应用研发，摒除对中小企业的歧视；创建创新型中小企业集群，间接地满足创新科技政策第二阶段的需求；企业、行业内进行多领域、多形式的技术创新试验，寻求突变性创新；促进包括集体学习在内的学习型创新与研发。在第一阶段需确保存在一个基本的科技创新政策反馈环境，形成技术创新网络，在技术创新网络中，创新主体的创新行为能够支持实际创新的需要，并促进任务导向的科技基础设施集中于对创新至关重要的区域和创新主体，有选择和分阶段地对外开放和展开合作，并选择培育全球合作伙伴。

第二阶段是从供给、需求和政策能力的角度为加快创新创造条件的阶段。战略重点是依据前一阶段的反馈完善政策，发挥多政策协同效应，拓展资金支持、强化创新：通过分析科技创新政策对任务导向型技术研发的实际作用，完善技术研发创新指导政策、鼓励政策和支持政策；强化具有多政策协同效应的战略科技创新政策能力和建设有针对性的政策平台；建立多创新领域项目支持、申请、成果转化体系；推动创新型企业的持续增长，同时确保企业的经营业绩能够迎合创新风险投资商的需求。第二阶段的主要任务是找出潜在的创新领域，通过试验测试创新思路，吸引投资以增强创新实力等。

第三阶段是加速创新学习、创新投资体系建设与新技术产业化的实施阶段。战略重点关注研究机构、创新企业研发部门：通过创新与创业管理强化班的作用加大创新投入，根据已有研究，应确保研发资金占国民生产总值的 2% 以上，总体创新产出以 150%～180% 的速度增长；放宽政策限制，吸引全球创新风险投资者，建立创新投资体系，逐步实现创新组织或研发部门技术研发资金自给自足；给予创新企业（特别是创新型中小企业）适当财政支持以适应市场调整；促进创新密集型企业和高科技产业快速增长；加快研发密集型和创新密集型企业的建设与发展，并为其快速增长提供政策扶持；实现创新主体的成果快速转化与市场合理分配；确保科学技术和高等教育基础设施与创新企业之间的良性共演。这一阶段的政策比前两个阶段设置了更多的研发辅助和引导措施。

曾春水等人在《改革开放以来北京科技创新发展历程及经验启示》一文中，结合北京科技创新发展历程总结出科技创新的三个阶段。

低效期：政府主导的研发投入和技术市场培育阶段。开始出现一批以信息和咨询服务为主的国有事业和民间科技创新机构，主要满足技术引进、消化、吸收所需的技术资料翻译和产品市场分析研究需要。开始对高科技产业进行探索。政府主导在引进先进技术方面先行一步，随之衍生了一批独立经营的科技创新机构，并且出现了技术经济人才服务，技术市场开始逐步发育。该阶段的科技创新产出水平明显低于投入和环境水平，科技创新效率低下。

成长期：大力推进科技成果产业化发展阶段。进入工业化中期，产业升级对科技创新等生产性服务业需求强烈，科技创新投入、科技创新环境、科技创新产出呈齐头并进的发展态势，科技创新进入全面加速的成长阶段。

高效期：科技创新产业体系逐步形成，进入产学研一体化发展阶段。在高校人才培养、科学研究、科技市场化和产业化方面进行有效的分工，推进产学研的紧密联系。科技创新产出水平快速提升，超过了创新投入水平，且二者间的差距呈逐渐扩大态势。

上述两种关于科技创新阶段的研究，得出的结论高度一致，即科技创新可分为低效期、成长期和高效期三个阶段。

2. 湖北省创新发展阶段研判

近年来，湖北省 R&D 经费内部支出大幅增加，创新投入快速增长；与此同时，技术成果经济效益也在波动中增长，科技产出呈现上涨趋势，但是投入仍然大于产出（图 4-27）。据此判断，湖北省目前处于科技创新的成长期。

图 4-27　湖北省科技创新投入与产出趋势图

（数据来源：2014—2021 年的《湖北省统计年鉴》）

3. 湖北省科技创新当前阶段的典型特征

湖北省目前处于科技创新的成长期,该阶段的典型特征是:科技创新投入、科技创新环境、科技创新产出呈齐头并进的发展态势,科技创新进入全面加速的成长阶段。科技产出增长迅猛,规模、效益提升明显,万人专利授权量、人均技术市场成交合同额迅速增长,产业升级对科技创新等生产性服务业需求强烈。

第 5 章
PART 5

案例研究与借鉴

5.1 国际区域协同创新体系建设经验借鉴

5.1.1 国际创新网络中的国内创新密集区域分布

世界知识产权组织和 Portulans 研究所合作发布的《2021 年全球创新指数报告》显示：北美洲和欧洲继续在全球创新格局中处于领先地位，但全球创新核心区域逐渐东移趋势显著，东南亚、东亚和大洋洲的创新表现在过去 10 年中最为活跃，是唯一与领先者缩小差距的地区，中国等部分中等收入经济体正在迎头赶上并改变创新格局。2017—2021 年，新的科技集群正在涌现，中国创新集群的排名上升最为稳定，进入全球百强的科技集群数量已跃居全球第二，位居中等收入经济体之首，成为全球创新的领导者之一。

2021 年，在创新集群表现方面，东京—横滨再次成为表现最佳的集群，其次是深圳—香港—广州、北京、首尔和旧金山—圣何塞。排名前十的集群与前一年相同，只有微小变化。北京超过首尔，位居第三，上海与纽约排名互换，来到第八位。其他城市诸如南京、杭州、武汉、合肥、成都等在创新经济方面表现活跃，开始进入国际科技创新中心的视野（图 5-1）。美国仍然是拥有最多创新集群的国家（24 个），其次是中国（19 个）、德国（9 个）和日本（5 个）。中国在促进产学研合作，发展特色产业，做实、做强、做优实体经济等方面采取了更多措施，为企业创新发展营造了更好的环境，正逐步从知识产权引进大国向知识产权创造大国转变。

根据《2021 年全球创新指数报告》和 2thinknow 发布的《全球城市创新指数排名》识别参与全球创新网络与创新竞争的创新密集区域，可以看到中国城市作为国际科技创新中心的新兴力量正在崛起，在全球新型冠状病毒感染的情况下，中国经济发展势头持续向好，创新潜能不断释放。

第 5 章 案例研究与借鉴

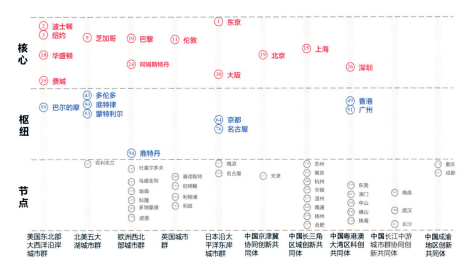

图 5-1 全球创新密集区域城市群实力对比图
（数据来源：2thinknow《全球城市创新指数排名》）

纽约—波士顿、旧金山—圣何塞、东京世界三大湾区依然是全球创新密集区域的建设标杆，在科技人力资源、知识创造、高技术制造等领域仍具有压倒性优势。借助完善的经济结构、高效的资源配置能力、强大的集聚外溢功能和发达的国际交往网络，三大湾区正在不断发挥着引领创新、聚集辐射的核心功能，日益成为引领技术变革的领头羊。

5.1.2 国外城市群协同创新体系建设的做法

1. 纽约—波士顿湾区：受益于宏观战略布局，形成以 MIT 为核心的圈层式创新结构

波士顿 128 公路总长 75 千米，环绕麻省理工学院和哈佛大学双核形成半圆形，将沿线多个大学、企业、科技园区以及城镇串联起来，成为支撑波士顿科技创新的重要通道，是仅次于硅谷的世界第二大微电子中心，也称"硅路""美国的技术公路"。

149

麻省理工学院（MIT）、第二次世界大战、郊区化是带动128公路沿线发展，并最终形成"128科创走廊"的关键要素。1861年，以促进区域制造业发展为目标的MIT成立。MIT鼓励科研人员将研究成果商业化，开启了科研创业和技术转让的先河，也因此吸引了一大批来自MIT的优秀人才在附近的128公路沿线创办企业。128公路并不是高瞻远瞩规划出来的创新产业走廊，而是为了应对马萨诸塞州传统制造业的衰退而上马的基建工程，更是为了解决波士顿大城市病问题而推出的郊区化疏解举措。128公路与城市连接的便利性，以及大片开阔、廉价的土地，获得了雷神公司、宝丽来等"新兴"科技制造公司的青睐，纷纷落户在128公路沿线。

第二次世界大战爆发是128公路创新走廊发展的重要契机。在国家超前基础科研投资体系下，"MIT创新力 + 区域制造能力"让波士顿成为美国在第二次世界大战期间最为重要的军事研发、制造中心之一。各类科研实验室在MIT区域爆发式增长，一些保密性高、需要大型空间的实验室建设在128公路沿线。MIT面向学生、教师、校友组建了80多个创新和创业组织，让创新更容易落地。作为创新源头，MIT却无法满足行业对海量实验室空间的需求，于是128公路成为建设这些实验室空间的主要承载区。

"洋葱圈"式创新空间结构重塑创新体系，激活创新走廊。20世纪80年代末，128科创走廊也曾走向衰退，但通过抓住生命科学发展的契机再次崛起。在政府层面，波士顿所在的马萨诸塞州于2008年通过了《马萨诸塞州生命科学法案》，为相关企业提供10亿美元的资金支持；波士顿帮助5家从事生命科学相关领域研究的医院申请到美国国立卫生研究院的资助；成立的马萨诸塞州生命科学中心（投资机构）一边扶持初创企业，一边吸引社会资本参与。在资金、政策的加持下，波士顿搭建出"MIT（核心）→老城区→128公路→495州际公路"的"洋葱圈"式创新结构，从而源源不断地吸引人才、企业来到波士顿。如今，128 科创走廊上聚集着 9 家世界五百强公司、5 家独角兽企业、数十所知名大学和科研机构，以及数以万计来自世界各地的科技人员，其中获得诺贝尔奖的科学家多达数十人。

2. 旧金山—圣何塞湾区：以 101 公路创新走廊带动，以湾区政府协会为平台，构建区域创新管理体系

101 公路创新走廊（硅谷）位于美国加州北部的大都会区旧金山湾区南面的一段长约 40 千米的谷地，是由旧金山、山景城、圣何塞等一系列科技城市构成的"珍珠项链式"创新带，主要依托斯坦福大学而壮大。

硅谷最早发展于 20 世纪 50 年代，源于斯坦福工业园区的建立，初期主要研究和生产硅基半导体芯片。在经历了"半导体—微型处理器—软件开发—信息技术—互联网"等信息产业演化过程后，硅谷在第三次技术革命中抢抓机遇，快速成为全球信息产业人才的集中地以及高新技术创新的发源地，至今仍引领着全球信息技术创新发展的潮流。以斯坦福大学、伯克利大学和加州理工大学等世界知名高校为依托，大量风险投资公司及基金作支撑，硅谷汇聚了 200 多万高科技人员，集聚了超 10000 家科技创新企业，是谷歌、Facebook、惠普、英特尔、苹果、思科、特斯拉、甲骨文等科技巨头企业全球总部所在地。

在旧金山—圣何塞湾区，世界高新科技企业与世界各行业精英自组织的创新投资基金规模与数量全球领先（图 5-2），在引领湾区产业创新迭代上起了极其重要的推动作用（图 5-3）。

在创新产业发展上，旧金山—圣何塞湾区依托信息产业带动金融、旅游和其他服务业发展壮大，最终成为全球主要湾区人均 GDP 最高的世界级城市群。在区域间的协调发展上，旧金山—圣何塞湾区于 1945 年成立湾区委员会，1961 年成立由湾

■ 创新驱动发展：空间要素与格局

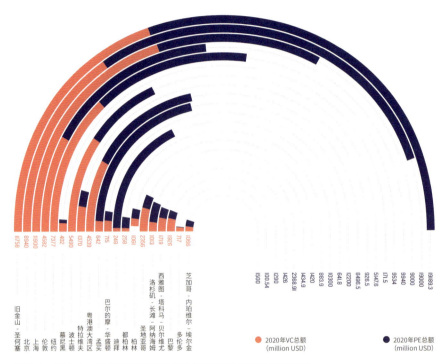

图 5-2　旧金山—圣何塞湾区创新创业投资强度全球排名示意图

（数据来源：清华大学《国际科技创新中心指数 2021》）

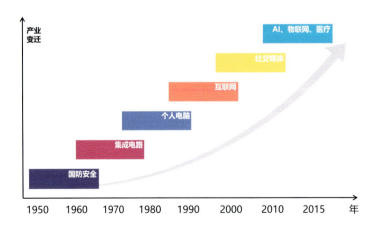

图 5-3　硅谷创新产业发展迭代示意图

（数据来源：自绘）

区 9 县和 101 个市镇政府代表组成的"湾区政府协会",湾区协同治理由"湾区政府协会"和"都市交通委员会"主导,成立专门机构解决湾区面临的各种问题。两个机构共同开展湾区协同治理,以《湾区规划 2050》为指导,推进区域内住房、经济、交通和环境领域各项事务的建设,协同湾区内各公私机构开展规划实施;统筹推进区域规划目标,搭建城市间的沟通桥梁,促进湾区各城市间的协调发展。除协同管理、共同规划之外,湾区政府协会和都市交通委员会还联合组建了"平等平台"来解决湾区内不平等和系统性排斥的问题。

3. 东京湾区:高度重视区域顶层设计与产学研合作,以筑波科学城建设(国家级战略)带动区域创新发展

作为日本国家创新活动的核心源动力,东京大湾区将千叶港、川崎港等六大港湾进行联合共赢规划的顶层设计,实现了港口间的有机整合,有效应对外部竞争。在开放性和国际化的引导下,东京湾区形成了一套独有的产学研体系,不仅保证了对创新体系中分散的各部门的灵活调度,还保证了产学研资源的良性流通。东京湾区在创新资源区域的良好协调下,新经济行业上市公司和创新企业技术优势在创新高地表现抢眼。

在区域发展机制上,东京都市圈形成了以协同发展为目的自发组建的协商治理机制——"九都县市首脑会议"。"会议"成立于 1979 年,由"六县市"拓展至"一都三县五市"("一都"即东京都,"三县"即埼玉县、千叶县、神奈川县,"五市"即相模原市、埼玉市、千叶市、川崎市和横滨市)。该会议在创新发展、灾害治理、环境治理、基础设施建设、经济发展等领域都发挥了重要的作用。

1958 年,经过战后十几年高速增长的东京都市圈,为应对城市快速扩张带来的大城市病问题,制定并通过了《首都圈整备计划》(第一次)。计划在东京周边发

展一系列"据点城市",将过分拥挤的人口与功能从东京市区疏解出去,形成一个分工有序的首都圈城市群。筑波科学城虽然要为东京的功能疏解服务,但其最终发展目标并非永远做东京的附庸,而是成长为具有独立体系、完整成熟的自立城市。

第一阶段,区域核心创新资源建设与引入。在建设准备与启动期,日本形成了《筑波研究学园城市建设法》(1970年)和《筑波研究学园城市建设计划大纲》(1971年),对不同地区的规划、建设和管理都作出了明确规定。更是对各方参与者的权利与义务、园区的税收、地产和优惠政策等作出了规定。1969年全面开工以来,以住宅建设为先,核心科研机构跟进,首先建设筑波大学作为科学城计划中的核心科研机构,后续逐步并入其他高校。1980年,初期计划的43所机构全部迁移完成。至此,筑波科学城的主体骨架全部完成。

第二阶段,克服选址与规划短板,实现文化营造。由于规划预期体量较大,筑波的社区与科研机构等项目占地尺度都较为巨大,步行不友好。筑波城市内部的路网交通以及社区公共交通直到2000年后才逐渐完善起来。筑波创新资源体量小、密度低、人气不足问题亟待改善。筑波从1985年举办科博会开始实现文化营造,后续于1988年开始举办筑波国际音乐节,于1995年举办世界湖沼大会,1999年被指定为国际会议观光都市,2016年举办了新潮的"筑波机器人节"。然而人气与活力不足的核心问题仍然不足以被文化营造努力所弥补。

第三阶段,产学研结合阶段。进入21世纪后,为了跟上世界科技快速发展的脚步,也为了激活既有科学资源活力,筑波开始注重科技创新及加强产学研合作的力度。2003年建成筑波创业广场大型孵化设施,科学技术振兴机构设立分部,《筑波纳米科技据点形成推进》产学官合作共同宣言的发表,象征着筑波的创新发展进入了新的阶段。

筑波科学城建设的得与失:筑波科学城的后续建设一直都在克服规模、密度低的规划失误带来的问题。筑波科学城建设的投入巨大，城内科研资源丰富，但没有发挥出相应的产出效果。建设行政力量干预较强和市场力量参与不足，导致创新应用场景的不足；建设规模预期空前巨大和规划建设过于分散的双中心结构，形成了极不平衡的狭长形状，导致创新要素密度较低，城市活力不足。科学城与产业创新需求不临近，也是筑波科学城选址的核心弊病。尽管筑波科学城实现了高校与科研机构核心创新资源的汇集，但科学科研功能与高新制造功能被地理分隔，导致创新转化的渠道不畅，后续筑波通过加强其与东京都市圈的联系来克服该弊端。

5.2 国内区域协同创新体系建设经验借鉴

我国已经基本形成了具有国际竞争力的京津冀、长三角、粤港澳大湾区三大创新密集区域，其在创新生态、创新高地、创新中心等方面的表现可圈可点。尤其是自 2016 年推进粤港澳大湾区建设以来，其在工业体系、配套能力、贸易优势、科技金融、面积人口等方面得以迅速发展，目前已跻身世界前十，仅次于东京，有望比肩三大湾区，进一步发挥在创新发展和对外开放中的支撑引领作用。

5.2.1 京津冀协同创新共同体：疏解北京"非首都"功能，谋划更加平衡发展的区域创新协同体系

京津冀地区是带动北方科技创新发展的重要核心区，其经济实力雄厚，各类创新要素集聚，产业体系较为完备，具备推动协同创新的良好基础。2015 年，《京津冀协同发展规划纲要》获得中共中央、国务院批准，要求京津冀地区建设成为以首都为核心、生态环境良好、经济文化发达、社会和谐稳定的世界级城市群。京津冀明确了以"一核、双城、三轴、四区、多节点"为空间骨架，推动有序疏解北京

非首都功能，在交通、生态、产业等重点领域率先突破。但随着京津冀协同发展进入"深水区"，区域内部发展不平衡、协同发展动力不足、市场壁垒仍然存在等问题逐渐显现。

京津冀协同发展的根本动力在于创新驱动，协同创新是实现协同发展的核心所在。京津冀协同创新共同体是深入贯彻京津冀协同发展重要批示精神、激活区域内创新资源、释放科技成果红利的核心区域。京津冀协同创新共同体的建设是京津冀地区积极打造国家自主创新重要源头的重要举措，通过遵循"北京原始创新、天津研发转化、河北推广应用"的战略定位，充分发挥市场在创新资源要素配置中的决定性作用，不断促进高端创新资源集聚，完善区域协同创新机制，有力推动区域创新资源的整合共享，促进创新驱动发展，全面提升京津冀地区协同创新能力，促进区域协同创新全新格局的形成。

京津冀协同创新共同体空间布局的核心主要围绕"三轴"（京津科技创新驱动发展轴、京保石科技创新驱动发展轴、京唐秦科技创新驱动发展轴）和"4+N"（"4"是指曹妃甸区、新机场临空经济区、张承生态功能区、滨海新区4个战略合作功能区主体，"N"是指其他合作区域）疏解非首都功能承接平台的重点布局，实施一批协同创新重点任务，形成一套可复制、可推广的建设经验，带动京津冀区域协同创新发展。其中京津科技创新驱动发展轴依托G2国家高速公路，连接北京、天津；京保石科技创新驱动发展轴依托G4国家高速公路，连接北京、保定和石家庄；京唐秦科技创新驱动发展轴依托G1国家高速公路，连接北京、唐山和秦皇岛。

其中，北京作为具有全球影响力的原始创新策源地和自主创新主阵地，以中关村为代表的创新园区拥有科技和人才资源的巨大优势，是京津冀协同创新共同体中无可争议的科技创新核心。作为国际科技创新中心，北京科技创新对京津冀地区乃至全国具有强烈的引领辐射带动作用，其原始创新成果、高新技术产业体系向天津和河北延伸，不断打造出更多的"类中关村"创新生态系统，促进更多北京的科技成果在天津、河北和其他地方转化，推动京津冀区域的创新链和产业链更好融合。

天津作为科技创新协同发展的主要工业化基地和产业化基地，也是科技原始创新成果的重要输出地。尽管近年来天津在淘汰落后产能等因素影响下出现了创新能力疲软的情况，但凭借优越的自然区位、雄厚的产业基础和突出的开放优势，天津在京津冀协同创新共同体中仍发挥着重要的"窗口"作用，源源不断地将海外先进技术、本地科技原始创新成果输出到京津冀地区，并辐射到华北和东北。通过建设天津滨海—中关村科技园，搭建大型科学仪器共享平台，完善科技成果转化交易市场功能等一系列举措，促进京津冀区域科技合作逐步深入。

北京和天津两地发展受多种因素制约，创新资源无法得到充分释放，研发成果难以产生经济效益，而河北便可成为科研成果转化的重要载体和基地。河北凭借在土地购置、中高端人才等方面的成本优势，通过大量与京津高校、科研单位等共建省级研发平台、产业技术创新联盟等，迅速提升高端科技人才的数量和质量，同时加快了科技成果落地转化速度，降低了成本，为企业快速成长、持续创新奠定了基础。

京津冀协同创新共同体重点部署三项任务，即"完善协同创新机制、建设协同创新平台、实施协同创新工程"。完善协同创新机制包括打破区域行政界限和管理机制条块分割，充分发挥市场配置资源的决定性作用，促进京津冀地区有利于协同创新的各种政策机制、资源成果、人才团队等有效整合对接，以政府引导、市场主导逐步形成京津冀区域内创新要素科学、有效、顺畅的配置格局；建设协同创新平台分别从载体共建、联合攻关、成果共享等方面推进；实施协同创新工程主要是围绕京津冀产业、生态、民生等重点领域进行，实施周期为三年。

5.2.2 粤港澳大湾区协同创新区域：推进科技创新协同、产业创新协同和体制机制协同创新

作为改革开放和科技创新的先行区，粤港澳大湾区是中国乃至全球最具创新能力的城市群之一，汇聚规模巨大的创新要素和资源，产业体系相当完备，产业集群优势明显，是我国在创新体系建设方面率先探索和实践的区域，也是我国先进制造业集群和新兴产业发展的重点区域。历史和国际形势赋予了粤港澳大湾区特殊的历史使命，通过提升自主创新水平，掌握技术革新的自主权及主动权，促使国家迈向技术创新新台阶。

2017年7月，国家发展和改革委员会、广东、香港、澳门四方签署了《深化粤港澳合作 推进大湾区建设框架协议》，在"打造国际科技创新中心"方面，提出要构建国际化、开放型区域创新体系。2019年2月，党中央、国务院发布《粤港澳大湾区发展规划纲要》，明确提出要将粤港澳大湾区打造成国际科技创新中心，发挥大湾区在对外开放及经济社会发展中的推动作用，要求大湾区的建设要积极吸引和对接全球创新资源，建设"广州－深圳－香港－澳门"科技创新走廊，建成全球区域协同科技创新高地。

当前，粤港澳大湾区坐拥一批全国领先的高校、研发机构、新兴企业及科学实验室等，已经成为我国又一个重要的技术创新策源地。随着粤港澳大湾区建设的大力推进，广州、深圳、香港和澳门已成为粤港澳大湾区的科技创新核心城市，其余7个地级市也已经形成定位明确、功能互补、各有核心竞争力和产业发展方向的重要节点城市，以生物制药、电子信息等高新技术产业为主导的战略性新兴产业集群促进粤港澳大湾区科技研发能力不断提升，科技竞争力显著提高。整体呈现出科技创新人力资源集聚不断加强，科技经费投入不断增加，科技创新及成果转化载体（平

台）发展不断优化的态势。

广深港澳科技创新走廊是粤港澳大湾区协同创新区域的核心。《粤港澳大湾区发展规划纲要》中正式提出"广深港澳科技创新走廊"建设，旨在形成香港—深圳、广州—佛山、澳门—珠海三大极点带动、轴带支撑网络化创新空间格局。广深港澳科技创新走廊以打造全球科技创新高地和新兴产业重要策源地为目标，实施有利于人才、资本、信息、技术等创新要素的跨境流动和区域融通相关政策举措，为深入实施创新驱动发展战略、深化粤港澳创新合作、构建开放型融合发展的区域协同创新共同体提供建设空间基础。

如今，大湾区内部创新联结整体趋强，创新资源分布呈现"多极多核一廊"格局，广深港澳科技创新走廊的集聚效应明显，其中香港、澳门、广州、深圳四个中心城市作为区域创新发展核心引擎的地位凸显，对周边区域创新发展的辐射带动作用不断增强。创新溢出效应逐渐显现，边缘城市与核心城市的创新联系愈发紧密，人才资金流动、知识转化与产业带动等创新溢出行为正有力促进大湾区创新协同发展。

广深港澳科技创新走廊串联香港、澳门、广州、深圳、东莞五个城市，基于各自优势协同合作。香港发挥国际金融、航运、贸易中心和国际航空枢纽地位优势，侧重引领带动大湾区创新资源深度参与国际合作；澳门发挥核心引擎作用，建立珠江西岸科技创新高地；广州发挥高校、科研院所集聚优势，建成具有国际影响力的国家创新中心城市和国际科技创新枢纽，侧重于源头创新的分工；深圳发挥高新技术企业集聚、市场化程度高的优势，加快建设国际科技、产业创新中心，打造具有全球竞争力的创新先行区，侧重于成果转化、市场化的分工；东莞则发挥制造企业和工业园区集聚的优势，建成具有全球影响力的先进制造基地、国家级粤港澳台创新创业基地、华南科技成果转化中心,侧重于制造环节的分工。

5.2.3 长三角科技创新共同体:将"一体化"和"高质量"作为区域协同创新的关键

作为我国经济发展最具活力、开放程度最高、创新能力最强的区域之一,长三角是我国科技创新和产业创新的先行示范区,具有科技人才集聚、产业链与供应链相对完备的优势,有着丰富的科技创新与教育资源和良好的产业创新合作生态。在构建双循环新发展格局的进程中,构建长三角科技创新共同体,不断推进科技创新,提升区域产业科技水平,是长三角区域产业结构转型升级的内在需求,也是引领探索新发展格局的现实路径。

2019年12月,中共中央、国务院印发的《长江三角洲区域一体化发展规划纲要》明确提出,推动长三角地区科创产业、基础设施、生态环境、公共服务等领域实现一体化发展,全面建立一体化发展的体制机制。2020年12月,科技部公布《长三角科技创新共同体建设发展规划》,对协同提升自主创新能力、构建开放融合的创新生态环境、聚力打造高质量发展先行区、共同推进开放创新提出具体措施。随后,长三角科技创新共同体组织架构初步建立,长三角区域协同创新建设步入新阶段。

长三角科技创新共同体的建设是以加强长三角区域创新一体化为主线,充分发挥上海科技创新中心龙头带动作用,强化苏浙皖创新优势,形成具有全球影响力的创新高地和高精尖产业承载区。加强协同创新产业体系建设,走"科创+产业"道路,促进创新链与产业链深度融合,以科创中心建设为引领。构建区域创新共同体,在长三角区域内联合提升原始创新能力,协同推进科技成果专业转化,共建产业创新大平台，强化协同创新政策支持。除上海、苏州、无锡、常州、南京一线形成传统沿江创新高值集聚带外，长三角 G60 科创走廊是长三角科技创新协同发展的新兴代表，也是其他区域构建创新共同体、引领高质量发展的学习典范。G60 科创走廊的建设促进了长三角地区产业链、创新链和价值链布局的整合，推进了科技创新、制度创新和资源配置一体化，创造了一批具有重大影响力和示范作用的高层次合作成果，营造了规则统一开放、标准互认、要素自由流动的市场环境。

2020 年 11 月，多部委联合印发《长三角 G60 科创走廊建设方案》，明确了"三先走廊"①的战略定位，G60 科创走廊成为我国重要创新策源地。G60 科创走廊包括 G60 国家高速公路和沪苏湖、商合杭高速铁路沿线区域，贯穿沪苏浙皖三省一市，覆盖上海市松江区，江苏省苏州市，浙江省杭州市、湖州市、嘉兴市、金华市，安徽省合肥市、芜湖市、宣城市 9 个市（区），形成"一廊一核九城"总体空间布局。依托交通大通道，以市场化、法治化方式加强合作，持续有序推进 G60 科创走廊建设，打造科技和制度创新双轮驱动，产业和城市一体化发展的先行、先试走廊。

G60 科创走廊沿线形成了长三角经济发展最具活力、开放程度最高、创新能力最强的城市群，成为落实长三角高质量一体化发展的生动实践。目前，G60 科创走廊建设初显成效。先进制造业和战略性新兴产业集群建设走在全国前列，现代服务业和先进制造业融合发展，产业链、创新链、价值链一体化布局达到较高水平，区域政策制度协同实施机制基本建立，一批改革创新举措集中落地，科技创新能力明显增强，掌握重点领域关键核心技术的企业显著增加。地区研发投入强度达到 3%，战略性新兴产业增加值占地区生产总值比重达到 15%，上市（挂牌）企业数量年均新增 100 家以上，高新技术企业年均新增 3000 家左右，引进高层次人才、应届高

---

① 三先走廊，意思为"先进、先试、先行"。

校毕业生等各类人才每年不少于 20 万人。（挂牌）企业数量年均新增 100 家以上，高新技术企业年均新增 3000 家左右，引进高层次人才、应届高校毕业生等各类人才每年不少于 20 万人。

2018 年，G60 科创走廊沿线九城市经济增长的平均速度超过 7%，高于全国经济增长速度 6.6% 的水平。自 2016 年启动建设以来，G60 科创走廊瞄准国际先进科创能力，积极培育创新主体，聚焦产业链部署创新链，促进长三角基层加强合作和跨行政区域协调联动，着力打造支撑国家区域重大战略的创新策源地，着力打造世界级产业和创新集群，着力打造产城融合典范，着力打造一流营商环境，形成了资金共同投入、技术共同转化、利益共同分享的协同创新共同体，建成科技和制度创新双轮驱动、产业和城市一体化发展的先行、先试走廊。依托上海临港松江科技城、苏州工业园区、嘉兴科技城、合肥滨湖科技城，建设产城融合发展示范园区，形成了一系列产城深度融合的发展标杆。

5.3 省域创新空间格局建设经验借鉴

研究分析 2001—2021 年的《中国区域创新能力评价报告》发现，从省域尺度来看区域创新能力，广东省和江苏省一直稳定占据全国前两位，是北京市和上海市外的两大省域创新集聚中心，山东省、浙江省、辽宁省、安徽省、湖北省则较为稳定地占据 5 ~ 10 位，处于第二梯队。结合《2021 年中国城市科技创新指数报告》中城市科技创新梯度分布结果，发现湖北省科技创新格局呈现"核心独大、引领全省"的显著特征，同时与湖北省科技创新结构相似、路径相对超前的省份主要有山东省、辽宁省、安徽省（图 5-4）。

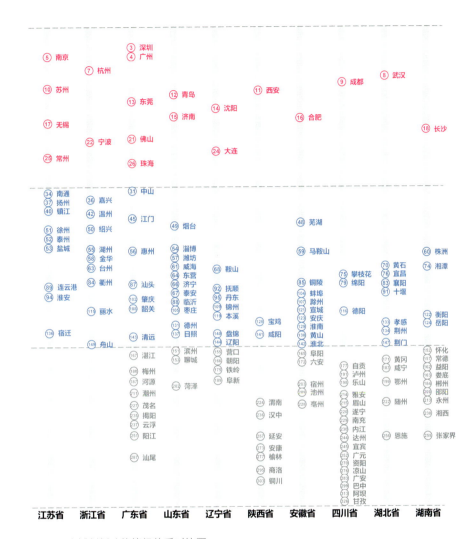

图 5-4 省域创新功能等级体系对比图

（数据来源：《2021 年中国城市科技创新指数报告》）

5.3.1 山东省：围绕区域创新发展需求布局济青科创制造廊带

山东省作为传统工业强省，也是"蓝黄"① 两大国家战略的核心区，具有良好的

---

① "蓝黄"战略：山东半岛蓝色经济区和黄河三角洲高效生态经济区。

经济发展水平和制造业产业基础，近几年不断通过新旧动能转换释放创新活力，科技创新资源丰富。山东省综合创新能力多年来一直保持在全国前列水平，科技创新支撑经济社会高质量发展成效明显，高能级创新平台体系日趋完善。近年来，山东省明确提出强化区域创新体系建设，围绕"一群两心三圈"区域创新发展需求，发挥创新型城市、科技园区等的辐射带动作用，打造特色鲜明、产学研融通的科技创新策源地，引领全省创新水平整体跃升并辐射带动周边区域的创新发展，致力于构建优势互补、协调联动的区域创新一体化格局。

在山东省出台的多项省级规划中，多次明确提出依托济青走廊建设济青科创制造廊带，形成山东省创新格局的核心区。济青走廊便利的交通紧密串联起济南、淄博、潍坊、青岛四市，已成为全省开放程度最高、创新能力最强、经济最为活跃的区域。廊带沿线重点布局工业互联网、轨道交通装备、海工装备、氢能、新能源新材料、医养健康、现代农业等产业，通过产业技术创新增强长期技术优势与产品标准话语权，打造世界级先进制造集聚带，成为山东省科技创新策源地和成果转化的主平台。

济南和青岛两地作为全省的创新高地，也是济青科创制造廊带的创新引领龙头，近年来创新能力持续增强，综合科技创新水平指数稳居全省前两位，双核引领作用进一步突出，辐射带动都市圈内城市创新水平有较大提升。两地依托重点高校、科研院所，在济青科创制造廊带上建设了一批基础学科研究中心、交叉研究平台和前沿学科，目标打造学科内涵关联、空间分布集聚的创新集群，放大了济青科创制造廊带创新要素的溢出效应，有利于提升走廊创新资源的集聚能力和配置效率，有益于辐射带动走廊沿线城市以及整个山东半岛城市群，省会、胶东、鲁南三大经济圈的创新发展。

济南以产研院创新圈、超算中心创新圈、未来产业创新圈、山东大学创新圈"四圈"为平台,先后规划建设了药谷、世界透明质酸谷、国际激光谷、量子谷、中国算谷等五大产业载体。

青岛积极打造重大科研平台,大力集聚全球高端科研人才,同时也努力促进各类创新要素向企业集聚,使企业成为技术创新主体,大力培育创新型产业集群,推动"青岛创造"向产业链、价值链高端跃升。

5.3.2 辽宁省:构建沈大"双核"引领的全域创新格局

辽宁省作为中华人民共和国成立后的重要工业基地,拥有良好的经济基础和产业基础,交通便捷、设施完善、教育资源丰富,沈阳、大连两座副省级城市对科技创新人才具有较强的吸引力。因此,科技创新是辽宁省经济高质量发展路径中增长动能转换的关键举措。近年来,辽宁省坚持将创新作为引领发展的第一动力,坚定实施创新驱动发展战略,以构建辽宁自主创新体系为核心,以全面深化科技体制改革为动力,持续增强自主创新能力,建设区域创新高地。

沈大"双核"引领的是辽宁省全域创新格局的核心。沈阳、大连在辽宁省区域科技创新布局中承担重要的引领作用,以沈大国家自主创新示范区和高新区建设为主要抓手,布局建设创新型城市和区域特色创新平台,推进区域科技创新特色发展、融合发展、协调发展,加快构建"双核驱动、多点辐射、梯次联动"的省域创新发展格局,支撑构建"一圈一带两区"区域发展格局,积极融入国家创新体系布局和国际创新网络。

沈阳积极创建综合性国家科学中心。建设浑南科技城,推动沈阳市提升科技创新功能,集聚国内外创新资源,建设国际知名的创新活力城市。推进沈阳材料科学国家研究中心等一批国家级科技创新平台建设,完善重大科技创新平台布局,围绕先进材料、智能制造、生命科学等优势学科领域，前瞻部署基础研究。对接国家重大战略需求和重大科学前沿，开展重大领域原始创新和关键核心技术攻关，构建"基础研究—应用研究—产业化"创新链条，塑造"创新沈阳"核心竞争优势

大连积极创建东北亚科技创新创业创投中心。全面提升大连市创新策源能力，引领辽宁沿海经济带发展。高水平规划建设英歌石科学城，加快建设中国科学院洁净能源创新研究院。布局建设具有国际领先水平的基于高亮度极紫外自由电子激光的前沿科技研究设施等一批重大科技基础设施集群和高端创新平台，推动大连迈入国家创新型城市前列。

5.3.3　安徽省：形成"一核两翼多点"创新协调发展新格局

在大力实施"创新推动"战略的背景下，安徽省近年来的自主创新能力显著增强。安徽省一方面以发展战略性新兴产业为重点，优化全省区域创新布局，构建以合肥、芜湖和蚌埠为龙头的具有安徽特色的区域创新体系，奋力打造具有重要影响力的科技创新策源地；另一方面坚持以全球视野谋划和推动科技创新，贯彻国家区域重大战略，积极融入长三角科技创新共同体的建设当中，提升科技交流合作水平，打造科技开放合作新高地。

在安徽省的创新协调发展新格局中，形成了以合肥市为核心、芜湖市和蚌埠市为两翼、各市多点支撑的"一核两翼多点"省域创新布局。大力推进科技振兴皖西、皖北发展，支撑皖南国际文化旅游示范区的建设。支持合肥市打造全球重要的原始创新策源中心、创新要素集聚中心、创新成果转化中心、创新交流合作中心。支持芜湖市创建综合性国家产业创新中心，打造长江经济带具有重要影响力的创新名城。支持蚌埠市打造世界级生物基和硅基制造业中心，建成皖北科技创新和开放发展引

领区。支持淮北市打造科技创新引领资源型城市高质量发展的样板区。支持宿州市打造承接高新技术产业转移集聚区。支持阜阳市构建科技成果转化聚集地。支持滁州市打造高新技术产业集聚高地。支持安庆市建设沿江创新带重点城市，打造新兴产业配套制造中心。支持马鞍山市建设长江生态环境治理科技创新样板区、产业创新智造名城。支持淮南、铜陵、宣城等市高标准建设省级创新型（试点）城市。支持亳州、六安、黄山、池州市提升科技创新能力。创建一批省级创新型县（市）。

除了在省域范围内构建创新发展格局外，安徽省也在积极融入长三角科技创新共同体中，力图打造长三角地区新的高质量发展强劲动力源。通过深化合肥、上海张江综合性国家科学中心"两心"同创，共建世界一流的重大科技基础设施集群。建立长三角实验室联动机制，共建长三角国家技术创新中心，推进科学数据中心建设。聚焦集成电路、生物医药、人工智能等领域，支持科教资源深度融合，协同开展关键核心技术攻关。建设科创与产业融合示范区，有序推动长三角G60科创走廊建设，支持合肥、芜湖、宣城市先行先试一批重大创新政策，鼓励有条件的市参与联动发展。深入谋划共建"一地六县"长三角生态优先绿色发展产业集中合作区，高标准打造省际毗邻地区的新型功能区，高能级建设各类省际产业合作园区。

5.4 对于湖北省创新空间格局构建的启示

5.4.1 协同创新共同体是未来区域创新空间格局最主要的集聚形态

随着技术创新的广度不断加大、复杂性不断提高，单个城市或地区的创新能力无法支撑其在日益激烈的市场竞争中独自完成创新的全过程，而协同创新则有利于促进创新要素在各城市和地区之间实现优化配置，提高创新效率，规避创新风险，成为区域间科技合作不断进化的高级形态，也成为区域经济一体化向纵深发展、构建高质量区域经济布局的必然选择。因此，以产业集群和协同创新为特征的区域一体化发展日益显著，城市群成为科技创新的主要策源地和重要承载者，协同创新共同体也成为区域创新空间格局最主要的集聚形态。

高度一体化的创新型城市群已形成了资源集聚、体系整合、利益共享的协同创新共同体，正在以一个整体的形象和规模，成为全球科学前沿领域的引领者、重点产业技术创新的主要研发者、全球科技创新要素的集聚配置者。这些区域以科技创新为核心竞争力，通过发展规划的不断完善、基础设施的互联互通、产业的分工协作等迅速崛起，成为各国参与科技创新和新兴产业全球竞争的主要力量。在全球范围内，美国旧金山湾区、波纽华城市群、日本东京湾区等，都已经成为全球高端科技创新人才、创新资本的主要集聚区和科技前沿突破、产业创新策源的蓬勃涌现地。

国内以京津冀协同发展、长三角区域一体化发展、粤港澳大湾区建设为代表的区域发展战略加速推进，各级政府通过加大基础研究财政投入、制定科技创新税收优惠政策和高端人才引进政策、建设重大科技创新平台等方式，着力完善区域协同创新体系，形成了辐射带动京津冀、长三角和珠三角的北京、上海和粤港澳大湾区国际科技创新中心。

因此，湖北省的创新空间格局也必将走向区域创新一体化发展道路，构建符合湖北特色的协同创新共同体，形成中西部创新高地。

5.4.2 科技创新中心城市是引领区域创新空间格局形成的重要动能

协同创新共同体往往以区域创新中心城市或科技创新辐射带动功能强的大城市

为核心，以分布于周边城市的高新技术产业带为辐射范围，形成科技创新功能互补、分工合作、经济联系密切的区域。而中心城市在区域一体化创新体系中发挥愈发明显的核心作用，在区域创新体系中的带动作用更加抢眼，并不断强化不可替代的区域创新枢纽地位。

随着全球范围"科技回归都市"的新浪潮兴起，区域中心城市在科技创新网络中的地位和作用进一步上升，并带动周边区域加速崛起成为全球创新高地。以国际化大都市为核心的城市群，如纽约城市群、东京城市群、粤港澳大湾区等，创新水平显著胜过均衡发展的城市群。在区域内部，核心创新功能则进一步向中心城市集聚，如纽约在波纽华地区中的创新核心作用进一步上升，已超过传统的高科技城市波士顿，成为高水平前沿科技和高技术创业企业最为密集的聚合地；香港、澳门、广州、深圳通过显著的科技创新溢出效应带动区域创新能力不断提升，

通过创新要素在空间上的集聚带来更多的创新机会和更高的创新效率。中心城市引领区域创新的独特优势主要在于可以将区域内乃至更大范围内的顶尖技术、人才、金融和信息的高度集聚，形成了区域一体化创新体系中不可替代的"核心引擎"。如纽约"硅巷"和华尔街相距只有 1.5 千米、伦敦东区科技城和伦敦金融城相距只有 1 千米，这种创新核心区和金融核心区紧密相依的"双核联动"布局成为区域创新的强劲动力源。一项面向全球科技行业领袖开展的调研结果显示，纽约、北京、东京、伦敦等中心城市在科技投资和信息枢纽方面的优势将使这些城市成为未来科技创新的源头引领者，并在带动区域创新中发挥更为显著的作用。

因此，湖北省区域空间格局的核心必然是作为国家中心城市的武汉。以单中心超大城市武汉作为中枢和引擎，区域内不同城市围绕创新链、产业链高度分工协同，形成"中心城市创新链 + 外围城市配套链"的区域协同创新体系，以规划和制度协

同持续加强区域创新体系整合完善，正成为湖北省区域创新一体化发展的重要趋势。

5.4.3 科技创新走廊是区域科创能级与影响提升的重要空间载体

科技创新走廊是一种"含新量"极高的创新密集区域，是区域创新网络的一种典型空间组织形式，往往沿主要交通干线延伸，呈现"廊状"或"带状"的空间布局。科技创新走廊作为实践区域协同创新发展战略的重要举措，具有创新要素高度集聚、高端人才资源汇集、新兴产业创业密集等显著的创新优势，能够推动资源在地区之间相互输送、共享共用，促进产业间的协同创新和融合发展，提升区域整体创新能力和综合竞争力，正成为区域创新竞争的新赛道和引领区域高质量发展的新引擎。

全球典型的科技创新走廊有美国加州 101 公路创新走廊、东京筑波走廊、伦敦剑桥走廊等，国内也正在大力建设广深港澳科技创新走廊、长三角 G60 科创走廊、京雄科创走廊、郑开科创走廊等。通过对比分析国内外知名科技创新走廊的发展成就和经验，我们可以发现在推进原始创新能力提升、建设创新创业服务体系、构建企业创新网络、完善创新服务配套体系等方面呈现出了诸多特色鲜明的做法。

科研机构的创新潜力是科技创新走廊发展的基础保障。一方面，研究型大学及科研机构推动形成了强大的原始创新能力，以国有及企业下属科研机构为主体，承担区域科技创新的主体功能；另一方面，高校人才为地区创新创业发展提供巨大支撑。知名大学和科研机构不仅推动了区域相关技术领域的发展，提升了科技实力，促进了研究成果向科技成果的转换，形成了强大的创新源泉。

高效的创业服务体系不断完善创新创业和企业孵育生态。高效的金融体系、活跃的创投资本以及法律、管理咨询等创新创业生态系统能够帮助科技创新走廊在数次科技革命和产业变革中都站在发展前沿。

创新资源互融互通形成具有强大竞争力的企业创新网络。科技创新走廊在发展过程中聚集了包括科研院所、风险投资机构、高端人才、技术成果等在内的各类创新资源，并通过营造出良好的创业氛围鼓励创新资源相互融通。大量的创业资本和先进的技术成果等创新资源不断进行相互选择，创造了组合与重新组合十分灵活的企业创新网络。

高水平的基础设施建设完善了创新服务配套环境。科技创新走廊的发展离不开政府的政策支持，通过出台政策措施、完善基础设施建设、建立产业发展配套设施等方式，为区域创新发展提供完善的配套服务环境。

因此，湖北省区域创新空间格局也应加快科创走廊建设，要抓住武汉都市圈的基础设施互联互通和制造业产业链集聚的优势，对标国际、国内领先的科创走廊，在补齐基础研究短板、强化产业链联动、构建良好的创新创业生态等多方面发力，不断提升湖北省科创走廊的科学技术活跃度，为高质量发展提供动力源。

5.4.4 县域创新是推进省域创新空间格局完善的重要支撑

县域经济是国民经济的重要基础和基本单元，也是我国经济高质量发展的新型引擎，而发展县域经济的核心动力在于科技创新。在构建区域创新空间格局当中，县（市）域单元的基层科技创新力量也是整体格局的重要组成部分。县（市）域单元一方面受到区域科技创新核心和廊道的辐射带动作用，另一方面也在不断培育自身的科技创新能力，向区域创新核心提供源源不断的新动力。

科技创新基层单元将是未来培育科技创新力量的重要孵化基地。相较于大中型城市，县域经济具有特色产业及产业形态。特色产业的外延不仅促进了产业的升级和集群，也衍生出许多新型业态，拥有更多创新的可能，使得县域为孵化科技创新成果提供了基础。

以京津冀地区的河北省和长三角地区的安徽省为例，在承接北京、上海等核心城市的科技创新能力转移的同时，也大力谋划自身的科技力量培育。通过建立产业关键技术攻关机制，优化设置农业高质量发展关键共性技术攻关、现代种业、传统产业提档升级等科技专项，支持开展关键技术研发，促进科技与县域特色产业有效对接。实施高新技术企业后备培育计划和科技型中小企业成长计划，整合项目、人才、资金、平台等创新资源，支持企业技术创新。通过科技项目实施、创新平台建设、科技企业培育、科技人才选派、科技成果推送等一系列有效举措，县域创新资源短缺难题得到有效化解。

湖北省应发挥各县（市）的区位和资源禀赋优势，集中布局一批重大科技项目，培育一批引领发展的创新型企业，建设一批双创示范基地、科技成果转化载体和示范园区，打造县（市）开发区创新集群。支持有条件的县（市）积极争创国家创新型县（市）试点，在全省推广县域科技创新体制综合改革试点经验，促进全省县域创新驱动发展和经济转型升级。

第 6 章
PART 6

湖北省创新发展目标与战略

6.1 湖北省创新发展目标要求

6.1.1 创新发展目标要求

1. 湖北省第十二届党代会报告

2022 年 6 月 18 日,中国共产党湖北省第十二次代表大会提出要把创新摆在更加突出的位置,要锚定科技强省目标,在原始创新上攻坚发力,在企业创新上激发动能,在产业创新上跨界融合,在制度创新上勇于突破,着力提升创新体系整体效能,塑造更多依靠创新驱动发挥先发优势的引领型发展。

要求坚持创新驱动发展,加快建设现代产业体系。打造全国科技创新高地,强化科技创新策源功能,加快建设武汉具有全国影响力的科技创新中心和湖北东湖综合性国家科学中心,推进以东湖科学城为核心区域的光谷科创大走廊建设,打造襄阳、宜昌等区域性科技创新中心。

2022 年 6 月 25 日,在加快推进武汉具有全国影响力的科技创新中心建设暨湖北省科技创新大会上,科技部副部长邵新宇传达国家布局建设武汉具有全国影响力科技创新中心的有关意见,科技部将会同国家发改委等有关部门重点支持强化原始创新策源地功能,支持建设制造业创新高地,支持打造创新型城市群第一方阵,支持打造绿色发展中国样板,支持湖北深化科技体制改革。

2.《湖北省第十四个五年规划和二〇三五年远景目标纲要》

《湖北省第十四个五年规划和二〇三五年远景目标纲要》提出初步建成全国重要的科技中心,创新驱动发展走在全国前列,打造具有全国重要影响力的全域创新体系;到 2035 年科技创新能力大幅提升,跻身全国创新型省份前列。

规划纲要将创新发展摆在最主要的篇章，提出"坚持创新第一动力，增强发展新动能"。第一，加强区域创新体系建设。以东湖国家自主创新示范区为核心，争创武汉东湖综合性国家科学中心，建设具有全球影响力的科技创新策源地，推动武汉创建国家科技创新中心。加强基础研究，优化学科布局和研发布局，完善共性基础技术供给体系，建设基础研究重大平台，提升全省源头创新能力。加强区域协同创新，围绕产业布局优化创新布局，加快建设若干创新特色突出、服务功能完备的创新发展示范区。第二，加快突破关键核心技术。推动关键核心技术攻关，集中突破一批制约产业转型升级的关键核心技术。推进自主创新产品应用，实施国产化应用示范工程，推进自主产品在更多领域、更大范围形成创新生态。第三，强化企业创新主体地位。加快建立产学研深度融合的技术创新体系，支持大中小企业和各类主体融通创新，推动企业成为技术创新决策、研发投入、科研组织和成果转化的主体。第四，释放人才创新创业活力。加强高水平人才队伍培养，着力引进高层次人才，激励人才各展其能。第五，深入推进科技体制改革创新。

规划提出了 3 项创新驱动的目标指标：到 2025 年全社会研发经费投入年均增长 7% 以上，每万人口高价值发明专利拥有量达 8 件，数字经济核心产业增加值占地区生产总值的 10%。

3.《湖北省科技创新"十四五"规划》

《湖北省科技创新"十四五"规划》提出高标准打造具有全球竞争力的创新高地，基本建成科技强省，跻身国家创新型省份前列，形成在全国科技创新版图中的领先地位，力争创新驱动发展走在全国前列，成为引领中部地区崛起的科技创新支点、具有全国影响力的科技创新中心和全球创新网络的重要链接。

努力实现四个"走在前列"：原始创新策源走在全国前列，企业创新主体培育走在全国前列，科技成果转化走在全国前列，科技改革创新走在全国前列。着力打造五个具有全球竞争力的"创新高地"：光电子信息科技创新高地，先进制造科技创新高地，生命健康科技创新高地，空天科技创新高地，人工智能科技创新高地。重点推进"五个着力，五个打造"：着力创建具有全国影响力的科技创新中心，打造一体化全域创新布局；着力强化战略科技力量培育，打造引领性原始创新策源极核；着力打好关键核心技术攻坚战，打造迭代式技术创新支撑体系；着力促进技术要素市场化配置，打造融合式科技成果转化机制；着力深化科技体制机制改革，打造热带雨林式科技创新生态。力争取得四个方面"显著突破"：区域创新支点全面建成，科技创新能力保持领先，创新驱动发展成效显著，科技创新生态优化提质。

规划确立了"十四五"科技创新 10 个预期性发展指标（表 6-1）。

表 6-1 《湖北省科技创新"十四五"规划》提出的目标指标表

指标	单位	数值
全社会研发经费投入增长年均增速	％	14
基础研究经费占全社会研发经费比重	％	8
高新技术产业增加值年均增速	％	＞12
每万名就业人员中研发人员数	人·年	＞70
规模以上工业企业建研发机构比重	％	50
每万家企业中高新技术企业数	家	140
科技型中小企业数	家	20000
每万人口高价值发明专利拥有量	件	12
技术市场成交合同额	亿元	＞3000
公民具备科学素质比例	％	16

4.《关于加快推进科技强省建设的意见》

《关于加快推进科技强省建设的意见》提出努力塑造湖北在全国科技创新版图中的领先地位，创建武汉具有全国影响力的科技创新中心、湖北东湖综合性国家科学中心取得实质性进展，争创国家实验室取得重大突破，综合科技创新水平位居全国前列。

提出高新技术企业数、高新技术产业增加值、每万人口高价值发明专利拥有量、技术合同成交额、规模以上工业企业建研发机构比重等 5 项指标实现倍增。

5.《中共湖北省委 湖北省人民政府关于加强科技创新引领高质量发展的若干意见》

《中共湖北省委 湖北省人民政府关于加强科技创新引领高质量发展的若干意见》（鄂发〔2018〕28 号）提出以建设综合性国家科学中心和综合性国家产业创新中心为龙头，大力加强重大平台、重大项目、重大园区和重大人才团队建设，全方位推进自主创新、改革创新、开放创新。

到 2022 年，以科技创新为引领的区域创新发展格局基本形成，综合科技创新水平指数位居全国前列。

——综合性国家科学中心创建取得标志性成果，国家实验室建设有实质性进展，重大科技基础设施建设明显突破，原始创新能力显著提升。

——综合性国家产业创新中心建设成效显著。重点领域"卡脖子"关键核心技术取得突破，具有核心竞争力的新兴产业集群形成规模，产业创新能力明显增强。

——创新平台增量提质。国家级创新平台达到 200 家，省级创新平台达到 1500 家。国家级高新区达到 14 家。

——创新主体迅速壮大。高层次创新人才团队加快汇聚，一批高校院所跻身世界一流和全国前列。高新技术企业达到 1 万家，孵化器在孵企业达到 2 万家。

——创新能力显著增强。R&D 投入占 GDP 比重达到 2.5%，高新技术产业增加值占 GDP 比重达到 20% 以上，科技进步贡献率达到 60% 以上。

6.1.2　创新发展目标总结

1. 创新发展目标定位

基于湖北省的创新发展基础条件，综合省级相关文件，结合区域创新发展环境，湖北省应在中部创新格局中起到支点引领作用，并在全国格局中具有较大影响力。因此，总结提出湖北省创新发展目标定位：中部地区科技创新支点、全国重要的科技创新中心、具有全球竞争力的创新高地。

2. 创新发展目标指标

到 2025 年，全社会研发经费投入年均增速 10% 左右，R&D 投入占 GDP 比重达到 2.5%，高新技术企业数量达到 1 万家，高新技术产业增加值占 GDP 比重超过 20%，建成 200 家国家级创新平台。

6.2　湖北省创新空间格局要求

6.2.1　湖北省创新格局的相关规划

1. 《湖北省第十四个五年规划和二〇三五年远景目标纲要》

《湖北省第十四个五年规划和二〇三五年远景目标纲要》提出：以东湖国家自主创新示范区为核心，高水平建设光谷科技创新大走廊，强化"光芯屏端网"、大健康等产业链创新链协同,带动鄂州、黄石、黄冈、咸宁创新发展,打造武汉城市圈创新共同体。推进襄阳建设汉江流域区域性创新中心,联动十堰、随州先进制造业创新发展;推动宜昌建设长江中上游区域性创新中心,联动荆州、荆门化工产业转型升级和绿色发展。布局建设一批创新型城市、创新型县(市)和新兴产业基地,建设环大学创新经济带、各级各类开发区等创新生态圈。

2.《湖北省科技创新"十四五"规划》

《湖北省科技创新"十四五"规划》提出"一主引领、一廊融通、两翼联动、多点支撑"区域创新发展布局。

"一主"即将武汉打造为具有全国影响力的科技创新中心。巩固提升武汉的科技创新城市功能,积极创建武汉具有全国影响力的科技创新中心和湖北东湖综合性国家科学中心,建设一批国家级重大科技创新平台和重大科技基础设施,打造一批战略科技力量,汇聚一批能够承担国家重大科技创新使命的科技领军人才和团队,突破一批"卡脖子"关键核心技术,产出一批重大原创科技成果,培育一批世界级企业和创新型产业集群,催生一批科技引领型未来产业,建成产业创新高地、创新人才聚集高地、科技成果转化高地,成为湖北科技强省建设主引擎、区域协同创新的引领辐射中心、长江经济带创新发展重要一极、创新型国家和世界科技强国建设的重要力量和全球创新网络的重要节点。

"一廊"指以东湖科学城为核心的光谷科技大走廊。推进以东湖科学城为核心的光谷科技创新大走廊,串联武汉、鄂州、黄石、黄冈、咸宁,进行科技创新协同,引领带动武汉城市圈科技同兴,实现同城化、一体化高质量发展。构建"一核一轴三带多组团"科技创新空间布局。一是打造东湖科学城创新极核,构建"一岛三板块"发展布局。重点建设东湖科学城,聚焦优势领域,集中布局一批高水平实验室、重大科技基础设施、重大技术创新平台、高水平研究型大学、世界一流科研院所、科技领军企业等战略科技力量，打造区域科技创新源头，向周边地区适度拓展，形成长期可持续发展基础。加快推进研发转化、产业发展、科技商务"三大板块"建设。二是建设创新发展联动轴，串联"武鄂黄黄咸"五市协同创新。以东湖科学城为中心，串联"武鄂黄黄咸"重点园区和重要创新平台，以点带面提升区域间互联互通与协同创新水平。推动武汉片区发挥高校院所集聚优势，集中力量建设源头创新基地；鄂州发挥毗邻光谷和花湖机场的优势，打造创新资源承接区；黄石发挥先进制造基地的优势，打造产业协作发展示范区；黄冈发挥腹地空间广阔的优势，打造产业聚集区；咸宁发挥生态环境优势，打造产业增长极和转型发展示范区。三是打造三条创新产业带，促进"武鄂黄黄咸"产业链协作和产业融合。发挥武汉国家光电子信息产业基地引领作用，辐射带动葛店经开区、黄石经开区、黄冈科技园、咸宁高新区等园区，打造光电子信息产业带。发挥武汉国家生物产业基地带动作用，辐射带动光谷南大健康产业园、鄂州开发区、黄石大冶湖高新区、黄冈高新区等园区，打造大健康产业带。发挥武汉制造优势，紧抓国家新一代人工智能创新发展试验区建设机遇，加强与鄂黄黄临空经济区、黄石经开区、咸宁高新区等园区的协同创新，打造智能产业带。四是发展特色功能组团，形成若干创新型产业集群，包括光谷创新组团、红莲湖—葛店科创组团、鄂州机场临空组团、环大冶湖智造组团、黄冈特色产业组团、咸宁绿色产业组团。

"两翼"：发挥襄阳和宜昌区域科技创新中心作用，分别联动"襄十随神"和"宜荆荆恩"城市群创新发展。发挥襄阳区域科技创新中心作用，联动"襄十随神"城市群创新发展。支持襄阳建设省域重要创新中心，建设隆中实验室，打造以襄阳国家高新区为核心的承载区和主要科创节点的科技创新创业带。支持十堰科技城建设，打造秦巴山片区科技创新中心。支持随州专用汽车、应急产业、香菇产业等创新发展。发挥神农架生态旅游资源、中草药资源优势，推动中医药产业集群创新发展。布局建设"襄十随神"科技创新走廊，推进组建"襄十随神"科技创新联盟，大力推动"襄十随神"跨区域的政策协同、资源共享、人才流动、科技合作、产业互补。发挥宜昌区域科技创新中心作用，联动"宜荆荆恩"城市群创新发展。支持宜昌建设省域重要创新中心，高标准建设三峡实验室、宜昌科教城、三峡国际人才城等。围绕推进荆州建成区域性中心城市，支持荆州建设区域科技创新应用中心，加快承接科技成果转移转化，打造高质量发展增长极。支持荆门建设荆楚科创城，推进三峡生态经济合作区建设。支持恩施打造"世界硒都·中国硒谷"。布局建设"宜荆荆恩"科技创新走廊，推进组建"宜荆荆恩"科技创新联盟，深化"宜荆荆恩"城市群区域创新合作机制，共同打造以绿色经济和战略性新兴产业为特色的长江中上游经济社会高质量发展经济带。

"多点"：全面强化区域科技创新多点支撑，加快创新型城市、高新区、科技创新示范园区建设。

3. 其他重要论述

2021年3月1日，省委主要领导在全省市厅级主要领导干部专题学习研讨班开班式上强调，湖北科技创新要尽快形成"核、层、圈"创新发展格局。

"核"，就是武汉要勇当科技强省建设核心承载区。既有战略规划，又有战役战术安排，谋定后动，谋定快动，积极推进创建具有全国影响力的科技创新中心，加快建设以东湖科学城为核心的光谷科创大走廊，突出其集中度、显示度、辐射力、带动力。

"层"，就是各市州都要塑造创新发展优势。南北列阵的"两翼"城市群要充分挖掘资源，与光谷科创大走廊深度衔接呼应，形成一批科技创新引爆点，加快建设省域创新高地；各地要加快创新型城市、创新型县市、创新型园区建设，形成"顶天立地"创新之势。

"圈"，就是要营造热带雨林式创新生态圈。企业既是创新的主体，也是成果运用的主体；政府要当科技创新创业服务的主体，当好"店小二"；高校和科研机构除基础研究以外都要从"重论文"向"重应用"转变，奔着成果去、奔着市场去、奔着效果去。

6.2.2 湖北省创新产业集群空间格局

1. 《湖北省第十四个五年规划和二〇三五年远景目标纲要》

按照《湖北省第十四个五年规划和二〇三五年远景目标纲要》，十四五期间，将高水平建设光谷科技创新大走廊，强化"光芯屏端网"、大健康等产业链创新链协同，带动鄂州、黄石、黄冈、咸宁创新发展，打造武汉城市圈创新共同体。推进襄阳建设汉江流域区域性创新中心，以汽车、装备等领域为突破口，搭建开放创新平台，完善创业服务体系，联动十堰、随州先进制造业创新发展。推动宜昌建设长江中上游区域性创新中心，以绿色化工、生物医药等产业为重点，建设若干共性技术研发和科技成果转化服务平台，联动荆州、荆门化工产业转型升级和绿色发展。布局建设一批创新型城市、创新型县（市）和新兴产业基地，建设环大学创新经济带、各级各类开发区等创新生态圈，完善创新服务和产业培育体系，探索各具特色的创新发展新路径，成为区域创新驱动发展的重要载体。

2. 《湖北省制造业高质量发展"十四五"规划》

《湖北省制造业高质量发展"十四五"规划》也是围绕"一主引领、两翼驱动、全域协同"的总体格局提出了产业空间布局规划。

加快武汉城市圈建设。充分发挥武汉作为国家中心城市、长江经济带核心城市的龙头引领和辐射带动作用，支持武汉大力发展头部经济、枢纽经济、信创经济，发展"光芯屏端网"、汽车、生物医药、装备制造、航空航天、化工等产业，增强高端要素、优质产业、先进功能、规模人口的集聚承载能力，推动形成城市功能互补、要素优化配置、产业分工协作的现代化大武汉都市圈。

推进"襄十随神"城市群共建。坚持块状组团、扇面发展，支持"襄十随神"城市群发展汽车及新能源汽车、专用汽车、装备制造、电子信息、航空航天、精细化工、新能源、新材料、绿色食品等产业。联合武汉打造具有国际竞争力的"汉孝随襄十"万亿级汽车产业走廊，支持襄阳、十堰、随州联动打造装备制造、电子信息、应急救援等产业集群，推进一批新型专业市场和特色物流中心建设，打造以产业转型升级和先进制造业为重点的高质量发展经济带。

支持"宜荆荆恩"城市群发展。落实长江经济带发展战略，充分发挥城市群良好的产业优势、资源优势和生态优势，重点发展高端装备、食品、纺织服装、高技术船舶与海洋工程、绿色化工、生物医药、新能源新材料等产业，加快荆州国家承接产业转移示范区、荆门国家通航示范区等建设，加强与武汉国家生物产业基地的互动协作，坚持点面支撑、多点发力，发挥比较优势竞相发展，打造以绿色经济和战略性新兴产业为特色的高质量发展经济带。

着力发展县域经济。县域立足资源环境承载能力，发挥比较优势竞相发展，加强与中心城市、城市群（圈）的经济连接，深度融入中心城市和城市群（圈）的产业链、供应链、资本链、人才链、创新链，大力发展块状特色产业集群，培育做大龙头企业、做强特色主导产业，打造一批行业龙头、隐形冠军、"专精特新"小巨人企业，带动形成"一县一品""一业一品","无中生有""有中生优""优中做强",加快推进以县城为重要载体的城镇化建设,探索构建融资在城市、投资在县域,研发在城市、制造在县域,头部在城市、配套在县域的一体化发展空间布局,打造更多高质量发展的增长极和增长点。

3.《湖北省战略性新兴产业发展"十四五"规划》

规划将"一主引领、两翼驱动、全域协同"的区域发展布局在产业层面进一步细化实化,提出"一主、两翼、全域"的空间布局。"一主"即武汉和武汉城市圈,主攻光芯屏端网、生物医药等领域,打造引领湖北省新兴产业高质量发展的主引擎。"两翼"即"襄十随神"城市群作为北翼,主攻新能源汽车、装备制造等领域,"宜荆荆恩"城市群作为南翼,主攻生物农业、先进化工材料等领域,打造湖北省新兴产业重要发展区。"全域"即市县,建设特色鲜明、错位发展的省级战略性新兴产业集群,促进湖北省战略性新兴产业全域发展。

4. 小结

综合上述关于产业发展布局的规划,结合湖北省创新发展情况,总结出湖北省域"三带七区百基地"创新型产业集群空间布局(图6-1)。

"三带"即长江绿色创新发展走廊、万亿汽车发展走廊、光谷科技创新大走廊。长江绿色创新发展走廊依托长江黄金航运通道,构建从创新、研发到生产制造全链条的复合产业带。以武汉为核心推动创新协同分工,推动装备制造、新能源、新材料、生物医药等产业集聚,打造鄂黄黄创新智造产业集聚区。推动装备制造业向沿江复合产业带集聚,形成宜荆荆恩机械化工产业集聚区。同时推动以恩施为节点的农特食品深加工产业集聚区、江汉平原劳动密集型产业集聚区的发展。万亿汽车发

第 6 章 湖北省创新发展目标与战略

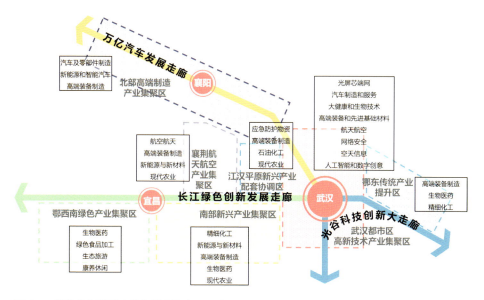

图 6-1 湖北省创新型产业集群空间布局示意图
（数据来源：自绘）

展走廊推动汽车等装备制造业向汉十汽车机械产业带集聚，沿线襄阳、随州、十堰等重点园区串珠式发展、差异化分工，与武汉城市圈汽车产业布局综合协调发展，利用武汉城市圈创新转化、临空经济和先进制造优势，带动汽车制造向智能汽车、汽车电子等高端环节和新领域延伸拓展。光谷科技创新大走廊以东湖科学城为核心，联合鄂州、黄石、黄冈、咸宁，重点发展光电子信息、大健康等产业。

"七区"即武汉都市圈高新产业集聚区、鄂东传统产业提升区、江汉平原新兴产业集聚区、北部高端制造产业集聚区、襄荆航空航天产业集聚区、南部新兴产业集聚区、鄂西南绿色产业集聚区。武汉都市圈高新产业集聚区树立武汉东湖新技术开发区的核心地位，以武汉经开区、武汉临空区等国家级开发区为引擎，重点打造以光屏芯端网、汽车制造和服务、大健康和生物技术、高端装备和先进基础材料、航空航天、网络安全、空天信息、人工智能和数字创意为核心的主导产业集群，建设高新技术孵化基地和现代服务业基地。其中，武孝片积极培育航空物流、通用设备、航空关联产业和先进制造产业，推进临空经济区统筹协调与合作发展。武咸片培育康养旅游、运动休闲产业。武鄂黄片依托武汉软件新城、光谷创意产业基地、华中国家数字出版基地中心等一批数字经济、创意产业基地，集中发展数字基础平台、数字共享、数字应用产业，打造电子信息产业集群。鄂东传统产业提升区以黄冈高新区为核心，将传统建材、化工等产业进行转型升级，重点发展高端装备制造、生物医药、精细化工等产业，振兴鄂东传统老工业基地。江汉平原新兴产业集聚区以仙桃高新区、潜江高新区为核心，重点发展应急防护物资、高端装备制造、石油化工、现代农业产业。北部高端制造产业集聚区以襄阳高新区、十堰高新区、随州高新区为核心，重点发展汽车及零部件制造、新能源和智能汽车、高端装备制造等产业，形成北翼产业发展中心。襄荆航空航天产业集聚区以荆门高新区、襄阳高新区为核心，重点发展航空航天、高端装备制造、新能源与新材料等产业，形成连接南北两翼的重要产业纽带。南部新兴产业集聚区以宜昌高新区、荆州高新区为核心，打造省域南部产业中心，重点发展精细化工、新能源与新材料、高端装备制造等产业，支持形成以现代物流业、科技研发与信息服务、现代商贸等现代服务业为支撑的创新型产业体系。鄂西南绿色产业集聚区以恩施高新区为核心，重点发展生物医药、绿色食品加工等产业，充分发挥旅游资源优势，发展生态旅游、康养休闲产业。

"百基地"即由襄阳航空航天产业集群、宜昌新型显示和智能终端产业集群等形成的100个重点产业基地。大力发展县城经济、块状经济。打造100个重点产业集群，积极培育块状经济中关联度大、主业突出、创新能力强、带动性强的龙头企业，引导行业龙头企业发展专业化配套企业，提高企业间配套协作水平，形成一批专业化优势显著、竞争能力强的"小型巨人"企业,构建完善产业集群分工协作体系。以武汉为核心,以襄阳、宜昌、荆州、荆门、十堰、孝感为支撑,重点打造智能装备、高技术船舶与海洋工程装备、航空航天装备、轨道交通装备、北斗导航等五大高端装备产业集群;重点在武汉、宜昌、鄂州、咸宁、黄冈、荆门、恩施布局生物医药、生物农业、生物制造、医疗器械、精准诊疗等5大生物产业集群;在襄阳、荆门、宜昌、咸宁、孝感、恩施等地重点打造新能源装备、新型功能材料、先进结构材料和前沿新材料等四大新能源新材料产业集群。推进先进制造业与国防需求相衔接,布局建设军民融合产业园区。

6.2.3 湖北省创新发展空间格局总结

综合来看,湖北省创新发展格局和产业格局仍然是围绕"一主引领、两翼驱动、全域协同"这一总体格局进行谋划,即以武汉为核心,创建具有全国影响力的科技创新中心,建设联动武汉城市圈的光谷科技创新大走廊;加快推进襄阳、宜昌区域科技创新中心建设,推进一批城市创新发展;加强创新型城市(县、市)建设,加快高新区高质量发展,强化科技创新示范园区建设,全面强化区域科技创新多点支撑。

但是,创新格局并不完全等同于城镇体系总体格局,应结合湖北省区域科技创新基础和条件,科学制定更适合湖北科技创新发展的格局。

6.3 湖北省创新空间优化发展战略

6.3.1 深化区域创新开放合作

坚持以国际、国内双循环的视野谋划和推进科技创新。积极主动融入长江经济带发展，深入推进长江中游城市群的科技创新合作，打造协同创新共同体，注重创新平台、创新成果、创新政策、邻域地区协同，联合争取国家布局建设重大科技基础设施和高水平科技创新基地；建设成果转移、转化平台，打造一体化技术交易市场，建立两地科技成果信息交换机制；探索科技创新政策的一体化，建立相对统一的政策享受条件、补助资助标准、政策兑现程序；深化鄂、赣、皖毗邻地区的科技创新合作。加强与重点区域、中央企业的科技创新合作。深化与京津冀、长三角、粤港澳大湾区三大科技创新中心的合作，建立合作机制，加强人才互动、平台共建、资源共享和成果共用，探索建立科技创新政策异地共享机制，引导先进地区产业创新集群与湖北省战略性新兴产业集群开展区域合作与联合技术攻关；推动与中国航天科工集团、中国电子科技集团、中国兵器装备集团、中国船舶集团、中国卫星网络集团等中央企业开展科技创新合作，在技术研发、平台建设、智能制造、智慧城市等方面落地一批科技项目。

6.3.2 强化科技创新极核引领

充分利用武汉、襄阳、宜昌等中心城市的创新资源，发挥产业基础厚实、创新资源集中、配套环境良好的优势，着力提升科学创造能力、技术创新能力、成果转化能力、产业生成能力，布局建设一批高端创新平台，突出基础研究、前沿技术和颠覆性技术创新、关键核心技术攻关与转化，加快打造科技创新策源地和科技创新中心。通过科技创新策源地和创新中心发挥重要的动力引擎作用，探索创新科研的组织模式，辐射带动武汉城市圈、"襄十随神"城市群和"宜荆荆恩"城市群创新发展，影响和带动全社会形成良好的创新风气，激发区域创新活力。同时，以科技创新中心为主体，深度参与国内、国际科技创新合作，在国内大循环和国内、国际双循环中发挥关键作用。积极培育具有创新发展基础的市（县），支持建设创新型市（县），使其成为全省创新发展的重要支点。

6.3.3　打造科技创新集聚区带

协同创新以大开放、大合作、大协调为主要特征，是推动区域科技共同进步的重要方式。从全省和地市经济社会发展的需要出发，打破行政区划壁垒，围绕共同的产业发展领域，加强产业创新合作与共享。围绕"芯屏端网"，强化武鄂黄黄创新协作，打造光谷科创大走廊；强化宜荆荆化工产业协同创新，打造化工产业转型升级示范区；促进襄十随汽车产业协同创新，打造万亿汽车产业走廊；促进江汉平原农业生产协同创新，打造农业现代化示范区；支持鄂西地区绿色发展，打造生态经济创新发展引领区。

6.3.4　激活科技创新基层单元

科创空间是科技创新的基本功能单元，是推动科技创新发展的重要力量。鼓励政企、校企合作建设一批产业技术研究院，支持建设科技创新示范园区，支持龙头企业针对各自行业特色，紧密结合产业，创建国家级、省级产业创新中心、制造业创新中心、技术创新中心等科技创新平台，组建若干重大产业创新联合体，新建一批由骨干科技人员持股的专业型研究所（公司）和以企业为主体的企校联合创新中心。大力发展创新、创业孵化载体，构建众创空间，鼓励大众创新、创业。鼓励专业化、市场化产业运营商及基础投资商参与运营，充分发挥各类市场主体的资源优势和效率优势，聚集创新链上下游专业服务供应商和平台型企业，加快形成建设运营高效、服务完善便捷的高品质科创基层单元。

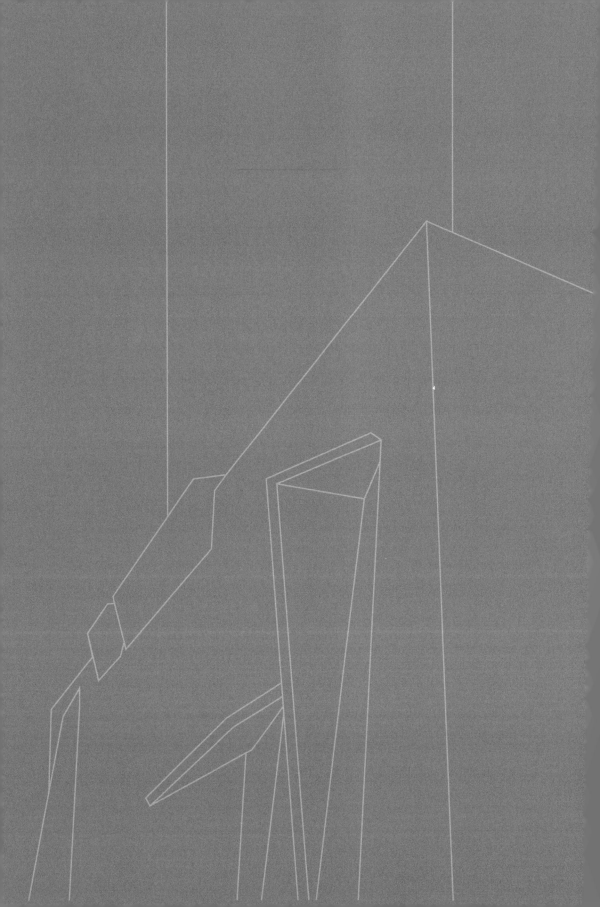

第 7 章
PART 7

湖北省创新空间格局构建

7.1 湖北省城镇发展格局

为推进区域协调发展和新型城镇化，提高经济集聚度和城市竞争力，中国共产党湖北省第十二次代表大会提出了完善"一主引领、两翼驱动、全域协同"区域发展布局，健全区域协调发展政策机制，推动中心城市和都市圈高质量发展。

一是大力发展三大都市圈。加快建设以武汉、襄阳、宜昌为中心的三大都市圈，增强中心城市及城市群等经济发展优势区域的经济和人口承载能力。大力发展以武鄂黄黄为核心的武汉都市圈，支持武汉建设国家中心城市和国内、国际双循环的枢纽，支持孝感打造成为武汉都市圈重要节点城市，支持咸宁打造成为武汉都市圈自然生态公园城市，支持仙桃、天门、潜江建设四化同步发展示范区。将武汉都市圈打造成为引领湖北、支撑中部、辐射全国、融入世界的重要增长极，到2035年建设成为人口规模超3000万、GDP超6万亿元的世界城市和都市圈。大力发展襄阳都市圈，支持襄阳打造成为引领汉江流域发展、辐射南襄盆地的省域副中心城市，建设联结中西部新通道的核心枢纽节点，辐射带动"襄十随神"城市群发展，支持十堰建设绿色低碳发展示范区，支持随州打造成为城乡融合发展示范区，支持神农架林区建设生态文明建设示范区。大力发展宜荆荆都市圈，支持宜昌打造成为联结长江中上游、辐射江汉平原的省域副中心城市，建设长江综合立体交通枢纽，辐射带动"宜荆荆恩"城市群发展，支持荆州建设江汉平原高质量发展示范区，支持荆门打造成为产业转型升级示范区，支持恩施建设"两山"实践创新示范区。

二是加快推进长江中游城市群协同发展。落实中部地区崛起、长江经济带发展等国家重大战略，以武汉都市圈为中心，推进长江中游城市群联动发展，推动产业科创协同协作、基础设施互联互通、公共服务共建共享、生态环境联保联治，打造长江经济带发展和中部地区崛起的重要支撑、全国高质量发展的重要增长极、具有国际影响力的重要城市群。深化与京津冀、长三角、粤港澳、成渝等区域合作，加强省际协作和交界地区合作，积极承接产业转移和布局。

湖北省创新格局构建应结合创新现状发展情况，并考虑与城镇发展格局的协调性。

7.2 湖北省创新空间格局

规划在"221"区域创新布局的基础上，结合湖北省区域发展格局要求，贯彻落实省委省政府关于立足新发展阶段、贯彻新发展理念、努力建设全国构建新发展格局先行区的要求，以"核、圈、带、区"为空间抓手，形成湖北省"一核两心，两带两区多点"创新空间格局（图7-1）。"核"就是武汉都市圈要勇当科技强省建设核心承载区；"圈"以宜荆荆都市圈、襄阳都市圈为重点，形成一批科技创新引爆点，加快建设省域创新高地；"带"是要形成南北列阵的汉十高端制造创新发展带、沿江绿色创新发展带；"区"是营造特色创新生态示范区域。

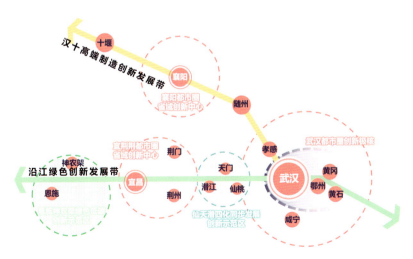

图7-1 湖北省创新空间格局示意图
（数据来源：自绘）

7.2.1 "一核"：武汉都市圈

武汉都市圈创新极核，以光谷科技创新走廊为核心承载区，促进武汉、鄂州、黄石、黄冈等武汉都市圈核心城市科技创新协同发展，按照"整体统筹、集聚带动、协同联动"的原则，建设光谷科学岛核心创新源，打造光谷生物城、武汉未来科技城、东湖综保区、光谷中心城等特色创新园区。全面推进"世界光谷"的建设，加速集聚国际化创新资源，深度融入全球创新网络，建设有全球影响力的科技创新创业中心。突出武汉都市圈创新核心的创新引擎和引领地位。

7.2.2 "两心"：宜荆荆都市圈、襄阳都市圈

"两心"是指宜荆荆都市圈省域创新中心、襄阳都市圈创新中心。重点将宜荆荆都市圈省域创新中心打造成长江中上游地区创新资源集中、双创生态活跃、产业创新高质、协同创新高效的区域性科技创新中心。重点将襄阳都市圈创新中心打造成具有全国影响力的新材料创新极、"汉十高端制造创新发展带"上汽车产业创新引领区、汉江生态经济带"双碳"科技创新应用先行区。

7.2.3 "两带"：汉十、沿江创新发展带

"两带"是指汉十高端制造创新发展带、沿江绿色生态创新发展带。汉十高端制造创新发展带以新能源汽车、智能网联汽车为重点，打造万亿级汽车产业走廊，建设全国汽车产能基地。沿江绿色生态创新发展带紧扣"碳达峰、碳中和"目标，坚持"共抓大保护，不搞大开发"，率先在长江经济带建成绿色制造的先行区，打造长江经济带绿色发展样板。

7.2.4 "两区": 恩施神农架、仙天潜创新示范区

"两区"是指恩施神农架绿色低碳创新示范区,仙天潜四化同步发展创新示范区。恩施神农架绿色低碳创新示范区重点形成低碳、脱碳以及负碳关键技术研发与示范。打造我国武陵山和秦巴山区域的"大生态"双碳经济发展示范区。仙天潜四化同步发展创新示范区重点加强与武汉都市圈联动发展,打造江汉平原科技创新发展的新高地。

7.2.5 "多点"

"多点"主要包括十堰、荆州、鄂州、咸宁、随州、孝感等省级创新型节点,重点依托特色优势产业,联动周边专业功能县(市)发展,支撑湖北省传统优势行业产业升级,打造各具产业特色的省级创新型节点,形成中部地区具有影响力的优势产业集群。

7.3 湖北省创新格局发展建议

7.3.1 武汉都市圈创新极核

1. 发展目标

建设国家创新型都市圈第一方阵,推动武汉都市圈科技同兴,带动科技强省全域创新,构筑面向全球的开放创新高地。高标准建设光谷科技创新大走廊打造世界级创新型产业集群。着力打造全球领先的光电子信息创新型产业集群。全面塑造先进制造产业创新优势,大力推进大健康产业创新发展,加快建设数字经济发展引领区,加快前瞻布局未来产业新赛道。

2. 空间发展指引

打造东湖科学城创新极核，构建"一岛三板块"发展布局。重点建设东湖科学城，聚焦优势领域，集中布局一批高水平实验室、重大科技基础设施、重大技术创新平台、高水平研究型大学、世界一流科研院所、科技领军企业等战略科技力量，推进研发转化、产业发展、科技商务"三大板块"建设。加快建设东湖科学城，打造全国原始创新策源新高地。

打造三条创新产业带。打造光电子信息产业带。发挥武汉国家光电子信息产业基地的引领作用，辐射带动葛店经开区、黄石经开区、黄冈科技园等园区，打造大健康产业带。发挥武汉国家生物产业基地带动作用，辐射带动光谷南大健康产业园、鄂州开发区、黄石大冶湖高新区、黄冈高新区等园区，打造智能产业带。发挥武汉制造优势，紧抓国家新一代人工智能创新发展试验区建设机遇，加强与鄂黄黄临空经济区、黄石经开区等园区的协同创新。

发展特色功能组团，形成若干创新型产业集群。以东湖高新区为核心，联动武昌区、洪山区、江夏区内主要产业园区，形成大光谷创新组团。推进葛店经开区、红莲湖科技城、梧桐湖生态城、葛店南部生态岛等特色园区建设，形成红莲湖—葛店科创组团。发挥鄂州花湖机场航空物流枢纽建设优势，推进鄂黄黄临空经济区建设，形成鄂州机场临空组团。加快建设黄石大冶湖高新区、黄石经开区、黄石新港工业园区等园区，形成环大冶湖智造组团。加快建设黄冈高新区、黄冈科技园、黄冈产业园等园区，形成黄冈特色产业组团。

3. 创新型产业集群重点培育方向

聚焦智能网联、光电、芯片、北斗等产业领域的核心基础零部件和元器件、先进基础工艺、关键基础材料、核心技术，围绕氢能、储能、量子信息、生命科学、前沿新材料等未来领域，组织攻关突破，攻克一批"卡脖子"技术，推动关键技术产业化。重点建设存储器、航天、新能源与智能网联汽车、网络安全人才与创新、生物医药等五大国家产业基地，培育壮大高科技优势产业集群。

7.3.2　宜荆荆都市圈省域创新中心

1. 发展目标

打造成长江中上游地区创新资源集中、双创生态活跃、产业创新高质、协同创新高效的区域性科技创新中心，支持荆州建设江汉平原高质量发展示范区，支持荆门打造产业转型升级示范区。

2. 空间发展指引

打造宜荆荆都市圈"三区一圈三城"的全域创新发展格局。

"三区"：以宜昌高新区、荆州高新区、荆门高新区为创新驱动极核，推进高新区与自贸区等创新单元联动发展。

"一圈"：充分发挥三峡大学、710研究所等创新资源优势，加快建设三峡大学"科技成果转化中心""荆州（武汉）离岸科创中心""荆楚科创城离岸（光谷）基地"等创新策源中心等项目，积极布局创新创业谷、科技创新街区、科创产业综合体、创新生态公园等载体，打造辐射宜荆荆都市圈的创新生态圈。

"三城"：规划建设宜昌科教城、荆州科创大走廊（荆州大学城）、荆楚科创城。加快推进湖北航空学院、三峡大学科技学院独立校区建设，推动三峡职业技术学院新校区、华中科技大学校地联合创新中心等项目落地，构建创新要素聚集、创新生态良好、创新环境完备的科教城。

3. 创新型产业集群重点培育方向

集中优势力量，加强在生物医药、精细化工、装备制造、新材料等领域的攻关，通过实施一批重大科技专项，重点加速突破创新药开发技术、磷石膏综合利用技术、湿法磷酸净化技术、酶技术等关键共性技术，在高新技术、产业结构调整、重要基础前沿研究、战略高技术等领域取得重大突破，实现技术和产业的跨越发展。

7.3.3 襄阳都市圈省域创新中心

1. 发展目标

规划将襄阳都市圈创新中心建设成为具有全国影响力的新材料创新极。打造"汉十高端制造创新发展带"上汽车产业创新引领区、汉江生态经济带"双碳"科技创新应用先行区和"北部列阵"科技创新驱动高质量发展示范区。到2025年，力争省级以上创新平台突破600家，实现总量倍增。

2. 空间发展指引

规划襄阳都市圈创新中心，构建"一核一带多极"的创新空间格局。

"一核引领"：以襄阳高新区为创新驱动核心区，打造产业技术创新与科技成果转化主平台、科技企业与新兴产业培育主阵地、体制机制改革与协同发展先行区，争创国家自主创新示范区，支持高新区打造高校院所和研发机构集聚区、科技服务集聚区、智能网联和新能源汽车产业集聚区。围绕高新区主导产业需求，加快布局一批高水平科技创新平台，开展产业关键技术攻关，推动科技成果市场化应用。

"一带联动"：围绕主城区（高新、东津、襄城、樊城、襄州）构建科技创新示范带，连接襄阳（高新）科技城、襄阳（尹集）大学城、襄阳（东津）科学城等主要科创节点，集中力量建设一批高端创新平台，推动创新资源开放共享。

"多极布局"：强化科技创新对县（市）经济社会发展的支撑作用，加快枣阳国家级经开区建设，支持老河口创建国家高新区，支持谷城创建国家创新型县（市、区），支持宜城创建省级创新型县（市），支持南漳创建省级农业科技园区，加快保康国家生态文明建设示范县（市）、省级创新型县（市）建设。打造若干区域创新增长极，构建各具特色的科技创新体系。

3. 创新型产业集群重点培育方向

发挥襄阳在汽车及零部件、新能源汽车、航空航天、新材料、装备制造等领域的优势，高水平建设湖北隆中实验室，聚焦轻质、高强、先进的金属材料，自修复结构新材料，耐高温、长航时、梯度复合材料等方向，力争攻克材料基础科学、制备技术等关键技术，取得一批重大科技成果，推动一批科技成果产业化，打造成为国内领先、国际有影响力的前沿新材料创新中心。

7.3.4 汉十高端制造创新发展带

1. 发展目标

以新能源汽车、智能网联汽车为重点，持续做强湖北省汽车产业优势，提升产业集中度，打造以"汉十高端制造创新发展带"为重点的万亿级汽车产业走廊，建设全国汽车产能基地。

2. 空间发展指引

支持襄阳建设省域重要创新中心，建设隆中实验室，打造以襄阳国家高新区为核心的承载区和主要科创节点的科技创新创业带。支持十堰科技城建设，打造秦巴山片区科技创新中心。支持随州专用汽车、应急产业、香菇产业等创新发展。发挥神农架生态旅游资源、中草药资源优势，推动中医药产业集群创新发展。布局建设"汉十高端制造创新发展带"，推动跨区域的政策协同、资源共享、人才流动、科技合作、产业互补。

3. 创新型产业集群重点培育方向

聚焦高性能电池、电机、电控等技术，突破电池单体及模块、高能量密度电池系统、高效电驱动控制和燃料电池等领域技术瓶颈，重点开展传感器、控制芯片、高精度定位、车载终端、云计算、无人驾驶等核心技术研发，加大车载媒体、汽车定位、汽车无线通信、车辆传感器系统等的研发力度。提升智能网联汽车渗透率，提升驾驶辅助系统、信息交互系统装配率。

7.3.5　沿江绿色生态创新发展带

1. 发展目标

紧扣"碳达峰、碳中和"目标，坚持"共抓大保护，不搞大开发"，构建以绿色工厂、绿色园区和绿色供应链等为重点的绿色制造体系，率先在长江经济带建成绿色制造的先行区。打造长江经济带绿色发展样板，开展长江经济带共保联治的科技攻关，构建碳达峰、碳中和先行区，增强农业农村现代化科技供给。

2. 空间发展指引

支持宜昌建设省域重要创新中心，高标准建设三峡实验室、宜昌科教城、三峡国际人才城等。围绕推进荆州建成区域性中心城市，支持荆州建设区域科技创新应用中心，加快承接科技成果转移、转化，打造高质量发展增长极。支持荆门建设荆楚科创城，推进三峡生态经济合作区建设。支持恩施打造"世界硒都·中国硒谷"。布局建设"沿江绿色创新发展带"，打造以绿色经济和战略性新兴产业为特色的长江中上游经济社会高质量发展经济带。

3. 创新型产业集群重点培育方向

聚焦长江流域和重要湖泊的生态环境保护修复研究，加强水质监测、预警和应急处理技术研究，支持农村、城镇、行业废水治理技术研究。加快推动涉及重金属的重点工业行业的清洁生产技术、工业污染控制技术、工业园区集中式污水处理装备、一般工业固体废物和危险废物的集中处置、化工行业尾矿库及工业固废的污染治理及综合利用等技术创新。研究钢铁、水泥、化工、冶金等难减排行业的深度脱碳技术。研究引领火电行业率先碳达峰的碳排放协同控制技术体系。

7.3.6 恩施神农架绿色低碳创新示范区

1. 发展目标

围绕"二氧化碳排放2030年前达到峰值，2060年前实现碳中和"的目标，开展低碳、脱碳以及负碳关键技术研发与示范，建设武陵山和秦巴山区域的"大生态"双碳经济发展示范区。

2. 空间发展指引

依托湖北民族大学，组建"两山"转化与山区绿色发展研究院。引进国网通信产业集团等国内一流双碳服务落地支撑机构，构建恩施碳中和支撑服务平台。立足天然富硒资源，建立硒标准，支持湖北民族大学建设硒科学与产业研究院和湖北省硒重点实验室。支持州中心医院建设湖北硒与人体健康研究院。高标准建设州农科院农博园科创中心和硒食品精深加工中试研究基地。支持神农架林区开展森林固碳增汇与减排技术研究基地建设，探索绿色低碳技术评估与市场登记体系建立。

3. 创新型产业集群重点培育方向

围绕生态环境保护，加强风力发电、太阳能发电、抽水蓄能、页岩气等清洁能源领域科研攻关，布局一批重大科技专项，聚焦森林固碳增汇与减排、农田生态系统土壤、草地生态系统土壤、淡水湿地系统、固碳增汇关键技术研发与示范；推进节能减排，助力碳达峰、碳中和战略落地见效。围绕"全国碳排放权登记结算系统"，健全绿色低碳技术评估与市场登记体系。

7.3.7 仙天潜四化同步发展创新示范区

1. 发展目标

促进仙桃、天门、潜江实现科技创新的深度合作，与武汉都市圈联动发展，打造江汉平原科技创新发展的新高地。

2. 空间发展指引

以天门、仙桃、潜江高新区为核心，支持仙桃开发生产基于无纺布材料的医疗用品和卫生用品，加快高端生物医用敷料、功能型纸尿裤、可穿戴体征监测智能型纺织品等健康养老用纺织品的研发和推广。支持天门发展电子信息、纺织设备关键技术研发、智慧农业环境监测和可视化大数据信息管理平台，建立"AI"大数据中心和大米"数字名片"等。以潜江高新技术产业开发区为主要载体，重点建设潜江高质量发展研究院，推动建设5至8家企校联合创新中心，并重点推进潜江电子半导体材料数据分析检测中心建设。围绕化工产品精细化利用及废弃物资源化利用，打造油盐煤一体化循环经济产业链。突破性发展化工新材料、新型金属材料、新型绿色建材。围绕虾稻产业提档升级，全力打造虾稻产业绿色生产示范基地、小龙虾种苗选育繁育基地、小龙虾精深加工基地、甲壳素生物产业基地和具有全球影响力的小龙虾生物科技研发中心等。

3. 产业重点攻关方向

聚焦自主可控的种业技术、农业绿色优质高效生产技术，加强动物疫病和农作物病虫害绿色防控关键技术攻关，强化农产品加工储运与质量安全重点技术研发。开发全谷物及杂粮食品等营养健康新产品，推动副产物综合利用及健康食材的转化增值。重点发展淡水鱼和小龙虾深加工，利用现代食品加工技术，开发精深加工系列鱼虾制品、风味食品、速冻食品等。

7.3.8　其他省级创新型节点

1. 发展目标

积极推动十堰、咸宁、随州、孝感创建国家级创新型城市，打造各具产业特色的省级创新型节点，支撑湖北省传统优势行业产业升级，引导产业集群有序发展，形成中部地区具有影响力的特色产业集群。

2. 空间发展指引

支持十堰围绕东风公司十堰基地，在新一代信息技术、高端装备制造、智能机器人、3D打印等领域联合攻关，打造汽车及关键零部件"智造"中心。

以咸宁高新区为核心，支持杨畈农高区、向阳湖现代农业科技示范区升级为省级农高区，强化与东湖高新区的对接，建设光谷科技创新大走廊咸宁功能区。建设咸宁（武汉）离岸科创园，高标准建设一批重点实验室、企校联合创新中心、临床医学中心、产业技术研究院等。

以随州高新区为核心，与武汉高校共建湖北专汽研究院、武汉理工大学工业研究院（湖北省应急产业技术研究院），打造特种装备、能源化工、文化印刷出版发行三个两百亿级产业集群，生物医药、电子信息、新能源等三个百亿级新兴产业集群。

支持"孝汉同城"，大力促进国家高新区、临空区高质量发展，发挥湖北工程学院、湖北职业技术学院、航天三江研究院所（室）创新人才优势，贯通临空科创城、孝汉工业园区、孝感国家高新区创新带，做实光谷大走廊新外延。

3. 创新型产业集群重点培育方向

十堰重点突破车桥、车架、曲轴、底盘、减速器、零部件系统集成动力总成、轻量化、先进汽车电子、自动驾驶系统、关键零部件模块化开发制造、核心芯片及车载操作系统等系统化部件和关键零部件产业，着力发展高端零部件。

咸宁重点发展高纯石英晶体、光纤光缆用膨胀阻水材料、光纤涂料、新型发光材料、化合物半导体材料、高介电常数低介电损耗电子陶瓷、电子级高纯化学品、电子用胶黏剂、无铅压电材料、光刻胶等产业。

随州重点突破精密机床技术，聚焦精密数控车床、磨床、齿轮加工机床，重点突破智能化数控加工系统、实用化准柔性制造系统，打造国家高端数控机床制造示范基地。

孝感深化军民科技协同创新，围绕空天、网络空间、应急管理等军民融合新兴领域，重点发展智能探测与识别技术、无人制导与控制技术、航空航天、先进材料与新能源技术、网络安全技术等军民融合技术。

第8章
PART 8

湖北省创新要素引导与创新功能提升

8.1 围绕特色产业布局创新空间，促进产创融合

基于湖北省"51020"现代产业体系，围绕湖北省十四五规划提出的5条优势产业链、8条新兴产业链和3条区域特色产业链，打造具有国际、国内竞争力的生产示范区、产业创新集群和产业走廊。加快建设产业创新平台，突破产业核心技术瓶颈，推进产业链现代化。做大、做强光电子信息产业，以光谷为中心，打造具有国际竞争力的"芯屏端网"万亿产业集群。强化汽车关键零部件配套和创新能力，推动商用车、乘用车、专用车、智能网联汽车、新能源汽车等产品系列化，打造万亿汉江汽车产业走廊，建成全国重要的专用汽车基地及示范区、新能源和智能汽车研发生产示范区。围绕石油化工、磷化工、盐化工、煤化工等升级改造，培育形成一批国内外具有较强影响力和竞争力的化工产业创新集群。围绕生物与健康产业，增强武汉生物技术研究院创新服务功能，推动武汉国家生物产业基地扩规升级，支持建设中医药产业技术研究院，推动"产学研医用"一体化发展。围绕人工智能与数字经济，支持武汉市建设国家新一代人工智能创新发展试验区、人工智能创新应用先导区，培育一批数字科技型企业，支持建设数字科技创新示范园区。

8.2 链接创新资源与产业需求发展联合创新，激活优质创新资源

实施高校创新能力提升工程，引导高校加强科研管理制度创新，加大对自主开展科学研究的稳定支持力度。实施企业技术创新赶超工程，推动规模以上工业企业研发活动、研发机构、发明专利全覆盖，推进省级重点企业研究院扩面提质，实行事前资助与事后补助相结合的经费支持方式。加强科技创新开放合作，开辟多元化

科技合作渠道，支持科研平台、产业平台加强与省内机构合作，与省外先进机构合作，甚至参与国际合作，探索"校区+园区+社区"联动创新创业模式。深化科教融合、产教融合。组织省内高校与高新区、开发区等园区结对合作，推动高校联园区、院系进企业、创业到社区，推动园区积极承接和转化先进适用科技成果。支持龙头骨干企业发挥创新资源、市场渠道、供应链等优势，通过建设专业化创新微空间等方式，带动产业链上下游企业提升创新能力。

8.3 注重培育多维度、多层级的创新平台，完善创新体系

科创空间是科技创新的基本功能单元，是推动科技创新发展的重要力量。鼓励政企、校企合作建设一批产业技术研究院，支持建设科技创新示范园区，支持龙头企业创建国家级、省级产业创新中心、制造业创新中心、技术创新中心等科技创新平台，组建若干重大产业创新联合体，新建一批由骨干科技人员持股的专业型研究所（公司）和以企业为主体的企校联合创新中心。大力发展创新创业孵化载体，构建众创空间，鼓励大众创新创业。鼓励专业化、市场化产业运营商及基础投资商参与运营，充分发挥各类市场主体的资源优势和效率优势，聚集创新链上下游专业服务供应商和平台型企业，加快形成建设运营高效、服务完善便捷的高品质科创空间。

8.4 增补创新型城市、县（市）考察梯队，厚植创新土壤

建议将十堰、荆州、鄂州、咸宁、随州、孝感纳入创新型城市建设考察名单，建议提高恩施、神农架绿色创新技术引进力度与技术转化强度；建议依托产业创新强县，培育创新产业集群，建议将南漳县、蕲春县、远安县、郧阳区、京山市、华

容区、宜城市纳入创新型县（市、区）创建考察名单，鼓励县（市、区）加强技术引进与技术转化力度，基于优势产业特色培育其原始创新能力。建议提高省域创新体系作用范围，让尽可能多的城市与县（市、区）都能够充分利用省域创新促进政策，构建适应地方发展的创新促进平台。

第 9 章
PART 9

湖北省科技创新信息平台搭建

创新驱动发展：空间要素与格局

9.1 案例借鉴

9.1.1 鞍山市以管理服务为目的的产业集群地图

鞍山市可视化产业集群地图依据鞍山市产业现状构建城市产业集群地图统筹全市产业发展（图 9-1）。搭建起了鞍山市城市三维场景，融入产业数据，直观地反映区域产业发展和布局现状。采用实景三维技术，可视化产业规划统筹布局，促进各区及重点区域聚焦主导产业。实现产业资源可视化，弥补产业和空间之间的信息不对称，为市、区两级引进重大项目提供指引，促进项目快速、精准落地，是领导统一贯彻经济发展思路的重要抓手。

图 9-1 鞍山市以管理服务为目的的产业集群地图

9.1.2 上海市以招商引资为目的的产业地图

上海市产业地图重点聚焦融合性数字产业、战略性新兴产业、现代服务业和现代农业，从空间和产业两个维度，形成现状图和未来图（图 9-2）。其中，现状图针对重点行业，梳理标识了企业和创新资源，为大家寻找技术、标准、人才服务和

第 9 章 湖北省科技创新信息平台搭建

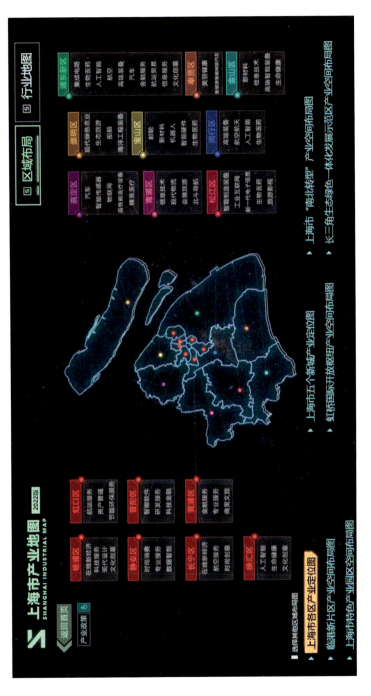

图 9-2 上海市以招商引资为目的的产业地图

产业链合作提供指引。未来图明确了上海各区及重点区域产业布局定位，比如聚焦"3+5+X"区域，即临港、虹桥、世博3大功能区域，桃浦、南大、吴淞、吴泾、高桥5大转型区域等，前瞻布局高端高新产业，提高集群显示度，力争建设成为高经济密度的"产业新区"。产业地图能有效服务各类投资者，推动重大项目与产业地图精准匹配、快速落地，引导社会资本向重点区域集聚，加快构建集产业链、创新链等融为一体的产业要素体系。

9.1.3 新加坡以吸引创新主体为目的的创新生态介绍

通过新加坡科技生态系统可以了解新加坡人口经济发展状况、新加坡公司企业分布情况、人才培育计划与创新创造环境与企业扶持政策等信息（图9-3），让使用者可以快速获取为什么选择新加坡、落在何处、如何融入等信息。

图9-3　新加坡以吸引创新主体为目的的宣传介绍手册图

9.2 湖北省数字创新空间平台建设建议

湖北省已有的科技一网通针对现有创新主体对创新资源利用的需求以及创新要素管理的需求，进行了较为全面的"数字创新湖北"信息平台建设（图9-4）。

图 9-4　湖北省数字创新空间平台建设示意图

建议湖北省借鉴新加坡创新要素集聚经验，形成面向潜在来鄂的研发人员、新型研发机构、各类创新主体的创新主体信息平台，全面介绍湖北省的创新支持制度与湖北省已有的创新资源要素。

创新资源要素展示：湖北省科技创新信息平台是针对湖北省创新要素现状特征、创新网络分布（产业链、创新联系、创新格局）展示、治理使用的二维+三维"电子沙盘"系统，是湖北省创新活动的可视化工具，是进行创新布局的地图工具。

创新支持制度展示：湖北省科技创新信息平台主要功能可以分为两块，一是介绍湖北省及各市（县）产业政策、创新主体数量及类型、创新空间分布、创新人才及创新投入规模等信息，让科技企业了解湖北省创新要素特征以及增长业务、吸引人才的潜力；二是主要介绍湖北省创新格局、各市（县）间的创新联系、创新产业集群等信息，让科技企业知道落在何处适合自身发展需要。

9.3 本书研究分析基础数据展示

纳入湖北省科技创新信息平台的数据包括城市面板数据、创新要素、创新产出等数据。

1. 城市面板数据

（1）统计年鉴数据

主要根据地方统计年鉴整理汇总人口、经济、创新相关数据，包括户籍人口、常住人口、R&D 人员、地方一般公共预算收入、GDP、R&D 经费支出、专利数等数据，表格形式如表 9-1 所示。

表 9-1 统计年鉴数据示意表

市	县	户籍人口	常住人口	R&D 人员	地方一般公共预算收入	GDP	R&D 经费支出	专利数
武汉市	蔡甸区							
	东西湖区							
	汉南区							
	汉阳区							
	洪山区							
	黄陂区							
	江岸区							
	江汉区							
	江夏区							

续表

市	县	户籍人口	常住人口	R&D人员	地方一般公共预算收入	GDP	R&D经费支出	专利数
武汉市	硚口区							
	青山区							
	武昌区							
	新洲区							
仙桃市	仙桃市							
咸宁市	赤壁市							
	崇阳县							
	嘉鱼县							
	通城县							
	通山县							
	咸安区							
……	……	……	……	……	……	……	……	……

（2）科技创新指数

县域经济考核所使用的科技创新指数如表 9-2 所示。

表 9-2 科技创新指数示意表

市	市代码	县	县代码	县类型	市类型	面积/平方千米	2020年创新指数	2019年创新指数	2018年创新指数	2017年创新指数	2016年创新指数
鄂州市	420700	鄂城区	420704	市辖区	地级市	794.71	88.13	29.52	35.34	45.43	43.39
鄂州市	420700	华容区	420703	市辖区	地级市	672.3774	90.51	40.75	50.32	54.26	41.66
鄂州市	420700	梁子湖区	420702	市辖区	地级市	659.7448	—	24.18	28.51	42.96	22.7
恩施州	422800	巴东县	422823	县	自治州	4528.002	62.16	20.03	15.81	29.64	1.2

续表

市	市代码	县	县代码	县类型	市类型	面积/平方千米	2020年创新指数	2019年创新指数	2018年创新指数	2017年创新指数	2016年创新指数
恩施州	422800	恩施市	422801	县级市	自治州	5299.972	67.72	17.49	18.35	32.45	25.5
恩施州	422800	鹤峰县	422828	县	自治州	3852.921	61.81	21.43	12.52	9.13	5.9
……	……	……	……	……	……	……	……	……	……	……	……

2. 创新要素

（1）创新主体

创新主体包括院士、三区科技人才、高校、科研院所、重点实验室、专业型研究所、技术创新中心、产业创新联合体、对外科技合作平台、高新技术企业、湖北新物种企业、国家科技型中小企业、技术先进型服务企业、技术转移示范机构等，表格形式如表9-3～表9-15所示。

表9-3 院士名录

姓名	出生年月	工作单位	专业专长	备注
李德仁	1939.12	武汉大学	在地球空间信息（主攻遥感、全球卫星定位）的理论创新、集成创新和协同创新方面取得了杰出成就，为我国成为世界本领域三强之一做出重大贡献	科学院院士、工程院院士
刘经南	1943.7	武汉大学	长期从事大地测量理论及应用研究与教学工作，在大地测量坐标系理论、卫星定位应用、软件开发和重大工程应用方面做出了一系列开创性工作	工程院院士
茆智	1932.9	武汉大学	节水灌溉、农田面源水污染防治方面的著名农田水利学专家，长期致力于节水灌溉研究与开发，主持研究的"农田节水灌溉方法"发展了农田节水灌溉的理论，具有深远的学术价值	工程院院士

续表

姓名	出生年月	工作单位	专业专长	备注
张祖勋	1937.6	武汉大学	长期从事摄影测量与遥感的教学和研究工作，在航空（天）影像测图自动化方面取得了国际一流的研究成果	工程院院士
李建成	1964.12	武汉大学	大地测量学（主攻精密大地水准面理论研究与工程化应用）与测量工程专家，在地球重力场理论及其工程应用领域解决了多项难题，形成了自主创新的理论与技术体系，是我国大地水准面工程化应用的主要开拓者	工程院院士
崔崑	1925.7	华中科技大学	致力于高性能新型模具材料钢的合金化、夹杂物工程、高性能TI（C,N）基金属陶瓷、激光熔覆基础理论研究	工程院院士
…	……	……	……	……

表9-4 三区科技人才

姓名	工作单位	职务	派驻县	年度
李婷婷	南京林业大学	教师	鹤峰县	2020—2021年
尹淑涛	中国农业大学食品科学与营养工程学院	副院长	丹江口市	2020—2021年
张乔会	北京林业大学	无	宣恩县	2020—2021年
刘新	中国农业科学院	副所长	英山县	2020—2021年
周琦	中国农业科学院	教师	恩施市	2020—2021年
万楚筠	中国农业科学院	副主任	恩施市	2020—2021年
康薇	湖北理工学院	副教授	阳新县	2020—2021年
康薇	湖北理工学院	教师	阳新县	2020—2021年
陈雪梅	湖北理工学院	研究生处副处长	竹溪县	2020—2021年
柳山	湖北理工学院	环境科学与工程系副主任	阳新县	2020—2021年
李琳玲	黄冈师范学院	副教授	罗田县	2020—2021年

续表

姓名	工作单位	职务	派驻县	年度
胡孝明	黄冈师范学院	科技公司法人	麻城市	2020—2021 年
……	……	……	……	……

表 9-5　高校名录

学校名称	主管部门	所在地	学校简介
湖北省武汉市武昌区武汉大学	教育部	武汉市	—
湖北省武汉市洪山区华中科技大学	教育部	武汉市	—
湖北省武汉市洪山区武汉理工大学	教育部	武汉市	—
湖北省武汉市洪山区华中师范大学	教育部	武汉市	—
湖北省武汉市洪山区农业大学	教育部	武汉市	—
湖北省武汉市洪山区中国地质大学（武汉）	教育部	武汉市	—
湖北省武汉市洪山区中南财经政法大学	教育部	武汉市	—
湖北省武汉市青山区武汉科技大学	湖北省	武汉市	—
……	……	……	……

表 9-6　科研院所名录

院所名称	院所简介
武汉岩土力学研究所	—
精密测量科学与技术创新研究院	—
武汉病毒研究所	—
水生生物研究所	—
武汉植物园	—
武汉文献情报中心	—
水工程生态研究所	—

表 9-7　重点实验室

名称	依托单位
省部共建生物催化与酶工程国家重点实验室	湖北大学（省科技厅）
电网环境保护国家重点实验室	中国电力科学研究院武汉分院（省科技厅）
生物质热化学技术国家重点实验室	阳光凯迪新能源集团有限公司（省科技厅）
强电磁工程与新技术国家重点实验室	华中科技大学
生物地质与环境地质国家重点实验室	中国地质大学（武汉）
硅酸盐建筑材料国家重点实验室	武汉理工大学
大地测量与地球动力学国家重点实验室	中国科学院测量与地球物理研究所
省部共建纺织新材料与先进加工技术国家重点实验室	武汉纺织大学（省科技厅）
作物育种技术创新与集成国家重点实验室	中国种子集团有限公司【中国种子生命科学技术中心（武汉）】（国资委）
特种表面保护材料及应用技术国家重点实验室	武汉材料保护研究所有限公司（国资委）
……	……

表 9-8　专业型研究所

名称	申报单位
湖北省可印刷介观太阳能电池技术专业型研究所	湖北万度光能有限责任公司
湖北省生物活性材料器械技术专业型研究所	湖北中部医疗科技有限公司
湖北省宏观石墨烯技术专业型研究所	武汉汉烯科技有限公司
湖北省基础设施智能化专业型研究所	武汉众智鸿图科技有限公司
湖北省实验动物模型研究专业型公司	武汉华联科生物技术有限公司
湖北省薄膜材料检测技术及其设备研发专业型研究所	武汉嘉仪通科技有限公司
湖北省超声断层成像技术专业型研究所	武汉维视医学影像有限公司

续表

名称	申报单位
湖北省小动物治疗制剂专业型研究所	武汉康湃特生物科技有限公司
湖北省碳化硅陶瓷膜技术开发与应用评价专业型研究所	湖北迪洁膜科技有限责任公司
……	……

表9-9 技术创新中心

名称	牵头单位
湖北省家畜种业技术创新中心	华中农业大学
湖北省动物疫病防控技术创新中心	武汉科前生物股份有限公司
湖北省绿色优质水稻技术创新中心	湖北省农业科学院粮食作物研究所
湖北省智慧水电技术创新中心	中国长江三峡集团有限公司
湖北省疫苗技术创新中心	武汉生物制品所有限公司

表9-10 产业创新联合体

名称	依托单位	合作单位
湖北省汽车关键零部件企校联合创新中心	武穴市张榜德诚电子有限公司	黄冈师范学院
湖北省解热镇痛类药物研发企校联合创新中心	湖北多瑞药业有限公司	中南民族大学
湖北省绿色新型道路材料企校联合创新中心	湖北国创高新材料股份有限公司	武汉工程大学
湖北省金属加工液企校联合创新中心	湖北诚祥科技有限公司	荆楚理工学院
湖北省新型装配式建筑模具研发企校联合创新中心	湖北鄂电德力电气有限公司	湖北工业大学
湖北省汽车车身轻量化企校联合创新中心	东风（武汉）实业有限公司	武汉理工大学
……	……	……

表 9-11　高新技术企业

高企名称	高企认定编号
启迪环境科技发展股份有限公司	GR202042002763
启迪桑德环境资源股份有限公司	GR201742001077
中设数字技术股份有限公司	GR202042003395
松冷（武汉）科技有限公司	GR201842002372
远卓建设工程有限公司	GR202042002906
湖北农谷能源建设有限公司	GR201942002689
武汉经纬时空数码科技有限公司	GR201742000903
郧西县合力工贸有限公司	GR202042003302
郧西精诚汽配有限公司	GR201842000988
十堰猛狮新能源科技有限公司	GR202042001767
湖北五龙河食品有限公司	GR202042002628
湖北东神天神实业有限公司	GR201842000885
湖北耀荣木瓜生物科技发展有限公司	GR201942001480
……	……

表 9-12　国家科技型中小企业

企业名称	统一社会信用代码	企业注册地	入库登记编号	填报年份	Ⅰ类知识产权数量	Ⅱ类知识产权数量	是否高新技术企业
武汉嗨启来科技有限公司	—	湖北省武汉市江岸区	—	2021 年	0	28	否
言图科技有限公司	—	湖北省武汉市洪山区	—	2021 年	0	0	是
武汉雷拓立科技有限公司	—	湖北省武汉市汉南区	—	2021 年	0	0	否

续表

企业名称	统一社会信用代码	企业注册地	入库登记编号	填报年份	Ⅰ类知识产权数量	Ⅱ类知识产权数量	是否高新技术企业
纽卫科技有限公司	—	湖北省黄石市大冶市	—	2021年	0	0	否
湖北宏力液压科技有限公司	—	湖北省荆门市京山县	—	2021年	0	0	是
湖北汇锋钻石有限公司	—	湖北省黄冈市黄梅县	—	2021年	0	0	否
……	……	……	……	……	……	……	……

表9-13 技术先进型服务业

企业名称	证书编号
武汉光庭信息技术股份有限公司	××××××××
武汉巧美自动化科技有限公司	××××××××
法雷奥照明湖北技术中心有限公司	××××××××
辉瑞（武汉）研究开发有限公司	××××××××
武汉全盛对外经济技术合作有限公司	××××××××
人福普克药业（武汉）有限公司	××××××××
武汉米易科技有限公司	××××××××
武汉众娱信息技术有限公司	××××××××
联发科软件（武汉）有限公司	××××××××
……	……

表9-14 湖北新物种企业

序号	类型	企业名称	所在区域
1	驼鹿	武汉华星光电半导体显示技术有限公司	武汉市东湖高新区

续表

序号	类型	企业名称	所在区域
2	驼鹿	武汉京东方光电科技有限公司	武汉市东西湖区
1	独角兽	武汉小药药医药科技有限公司	武汉市东湖高新区
2	独角兽	湖北亿咖通科技有限公司	武汉市经开区
3	独角兽	航天科工火箭技术有限公司	武汉市新洲区
1	潜在独角兽	武汉瀚海新酶生物科技有限公司	武汉市东湖高新区
3	潜在独角兽	武汉库柏特科技有限公司	武汉市东湖高新区
7	潜在独角兽	武汉梦芯科技有限公司	武汉市东湖高新区
……	……	……	……

表 9-15 技术转移示范机构

单位	获批年份
恩施国创科技企业孵化器有限公司	2019 年
咸宁正信科技有限公司	2019 年
鄂州市高新技术发展促进中心	2019 年
宜昌市鑫桥生产力促进中心	2019 年
宜昌兴诚生产力促进中心有限公司	2019 年
随州武汉理工大学工业研究院	2019 年
华中科技大学鄂州工业技术研究院	2019 年
十堰市生产力促进中心	2019 年
……	……

(2) 创新园区与基地

创新园区与基地包括高新区、农业科技园区、可持续发展实验区、乡村振兴示范基地、科技企业孵化器、众创空间、星创天地等（表 9-16～表 9-22）。

表 9-16 高新区

名称	级别	所在地区	介绍
潜江高新技术产业开发区	国家级	潜江市	—
黄石大冶湖高新技术产业区	国家级	黄石市	—
荆州高新技术产业开发区	国家级	荆州市	—
黄冈高新技术产业开发区	国家级	黄冈市	—
咸宁高新技术产业开发区	国家级	咸宁市	—
……	……	……	……

表 9-17 农业科技园

园区名称	园区类型	所在地市
湖北咸宁国家农业科技园区	国家级	咸宁市
湖北襄阳国家农业科技园区	国家级	襄阳市
湖北孝感国家农业科技园区	国家级	孝感市
湖北宜昌国家农业科技园区	国家级	宜昌市
湖北黄石国家农业科技园区	国家级	黄石市
……	……	……

表 9-18 可持续发展区

实验区名称	等级	批准时间	建设主题
湖北罗田县国家可持续发展实验区	国家级	9月15日	大别山区民生保障（开发医圣万密斋医药养生文化）
湖北省英山县国家可持续发展实验区	国家级	4月13日	大别山老区脱贫致富
湖北省襄阳市国家可持续发展实验区	国家级	4月13日	绿色循环经济
湖北省长阳土家族自治县国家可持续发展实验区	国家级	4月12日	生态旅游
襄阳市宜城市国家可持续发展实验区	国家级	2月11日	县域农业循环经济

表 9-19 乡村振兴示范基地

拟建基地名称	建设单位	地市	县(市、区)	基地类别	年度
湖北广水红薯加工乡村振兴科技创新示范基地	湖北金悦农产品开发有限公司	随州市	广水市	加工类	2020年
湖北房县魔芋加工乡村振兴科技创新示范基地	房县九方魔芋科技有限公司	十堰市	房县	加工类	2020年
湖北钟祥食用菌加工乡村振兴科技创新示范基地	钟祥兴利食品股份有限公司	荆门市	钟祥市	加工类	2020年
湖北来凤油料加工乡村振兴科技创新示范基地	湖北恒贸茶油有限公司	恩施州	来凤县	加工类	2020年
湖北曾都粮食加工乡村振兴科技创新示范基地	湖北金银丰食品有限公司	随州市	曾都区	加工类	2020年
……	……	……	……	……	…

表 9-20 科技企业孵化器

名称	依托单位	所在市州	级别
荆州日报传媒集团有限公司	荆州日报传媒集团有限公司	荆州市	省级
武汉众博科技企业孵化器有限公司	众博科技企业孵化器	武汉市	省级
湖北自贸区创星汇产业园运营管理有限公司	武汉创星汇产业园科技企业孵化器	武汉市	省级
宜昌智能加孵化运营管理有限公司	安旺智能孵化器	宜昌市	省级
……	……	……	……

表 9-21 众创空间

名称	依托单位	级别	所在地区
神农架人才创新创业孵化器	神农架林商空间孵化器有限公司	省级	神农架林区
百奥众创空间	湖北百奥创业园股份有限公司	省级	天门市
天才空间	天门创新人才超市管理有限公司	省级	天门市

续表

名称	依托单位	级别	所在地区
天门青创空间	天门市青创电子商务孵化器有限公司	省级	天门市
双创孵化器众创空间	双创孵化器（湖北）有限公司	省级	天门市

表 9-22　星创天地

星创天地名称	运营主体	所在地	认定时间
潜江楠鼎小龙虾产业星创天地	潜江市小龙虾烹饪职业技能培训学校	潜江市	2017 年
简优农创星创天地	湖北简优农业发展有限公司	仙桃市	2017 年
华盛农创星创天地	华盛绿能（仙桃）农业科技有限公司	仙桃市	2017 年
中时农星创天地	湖北农时生态农业股份有限公司	仙桃市	2017 年
湖北领尚生态农业星创天地	湖北领尚生态农业有限公司	天门市	2018 年
恩施云创农村电商星创天地	恩施云创电子商务有限公司	鹤峰县	2018 年
咸丰县唐崖好响李农业电商星创天地	咸丰县硒乡供销电子商务有限公司	咸丰县	2018 年
……	……	……	……

（3）创新型城市、创新型县（市、区）

创新型城市如图 9-23 所示。

表 9-23　创新型城市

创新县	等级	批次
大冶市	国家级	第一批
宜都市	国家级	第一批
仙桃市	国家级	第一批
枝江市	省级	第一批
曾都区	省级	第一批

续表

创新县	等级	批次
钟祥市	省级	第一批
潜江市	省级	第一批
谷城县	省级	第一批
赤壁市	省级	第一批
武穴市	省级	第一批
当阳市	省级	第一批
应城市	省级	第一批
麻城市	省级	第一批
……	……	……

3. 创新产出

专利数据如表 9-24 所示。

表 9-24 专利数据

类型	申请号	名称	授权方	专利权	分类号	公开日期	地址	区县
中国实用新型	CN202020172507.6	一种具有多功能妇产科护理装置	有权-审定授权	胡恒	A61M3/02	20210402	湖北省仙桃市纺织大道8号仙桃职业学院	仙桃市
中国实用新型	CN202020214591.3	一种医疗输液装置	有权-审定授权	吕在乾	A61M5/14	20210409	湖北省仙桃市纺织大道8号仙桃职业学院	仙桃市
中国实用新型	CN202021063304	布料裁切平台	有权-审定授权	仙桃市兴荣防护用品有限公司	D06H7/00	20210406	湖北省仙桃市彭场镇彭场大道	仙桃市

续表

类型	申请号	名称	授权方	专利权	分类号	公开日期	地址	区县
中国实用新型	CN202021061742.2	一种口罩机的上料结构	有权 - 审定授权	仙桃市正欣无纺布制品有限责任公司	B65H75/28	20210406	湖北省仙桃市彭场镇彭赵公路	仙桃市
中国实用新型	CN202021066277.1	超声波热合机	有权 - 审定授权	仙桃市兴荣防护用品有限公司	B29C65/08	20210406	湖北省仙桃市彭场镇彭场大道	仙桃市
……	……	……	……	……	……	…	……	…

专利转移数据如表 9-25 所示。

表 9-25 专利转移数据

名称	申请人地址	申请人国	申请人(省市)	申请人(地市)	申请人(区县)	申请号	申请人类型	当前专利权人	当前地址	公开(公告)日	授权公告日	IPC分类号	行业领域	当前法律状态	当前法律状态公告日

附录A 湖北省创新空间格局规划图

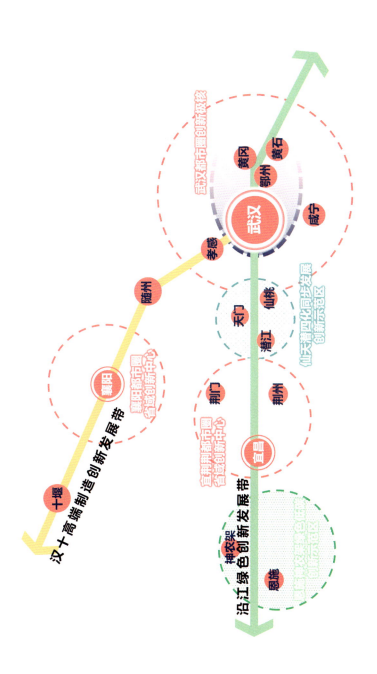

参考文献

[1] 曾鹏. 当代城市创新空间理论与发展模式研究 [D]. 天津：天津大学, 2007.

[2] 汤海孺. 创新生态系统与创新空间研究——以杭州为例 [J]. 城市规划, 2015（A01）：7.

[3] 李健, 屠启宇. 创新时代的新经济空间：美国大都市区创新城区的崛起 [J]. 城市发展研究, 2015（10）：7.

[4] 刘汉初, 樊杰, 周侃. 中国科技创新发展格局与类型划分——基于投入规模和创新效率的分析 [J]. 地理研究, 2018, 37（5）：15.

[5] 郑德高, 袁海琴, Zheng, 等. 校区，园区，社区：三区融合的城市创新空间研究 [J]. 国际城市规划, 2017,（04）：71-79.

[6] 高丽娟. 长沙市创新空间的空间格局特征及其形成机制 [D]. 长沙：湖南师范大学.

[7] 解永庆. 区域创新系统的空间组织模式研究——以杭州城西科创大走廊为例 [J]. 城市发展研究, 2018, 25（11）：7.

[8] 付淳宇. 区域创新系统理论研究 [D]. 长春：吉林大学, 2015.

[9] 吴家权, 谢涤湘, 李超骅, 等. 知识创新与技术创新网络空间结构的演化特征——基于"流空间"视角的粤港澳大湾区案例研究 [J]. 城市问题, 2021（4）：10.

[10] 吕拉昌, 李勇. 基于城市创新职能的中国创新城市空间体系 [J]. 地理学报, 2010, 65（2）：14.

[11] 王战和, 许玲. 高新技术产业开发区与城市经济空间结构演变 [J]. 人文地理, 2005, 20（2）：3.

[12] 陈嘉平, 黄慧明, 陈晓明. 基于空间网格的城市创新空间结构演变分析——以广州为例 [J]. 现代城市研究, 2018（9）：7.

[13] 陆玉麒. 中国空间格局的规律认知与理论提炼 [J]. 地理学报, 2021, 76（12）：13.

[14] 方创琳, 王振波, 马海涛. 中国城市群形成发育规律的理论认知与地理学贡献 [J]. 地理学报, 2018, 73（4）：15.

[15] 方创琳, 张国友, 薛德升. 中国城市群高质量发展与科技协同创新共同体建设 [J]. 地理学报, 2021, 76（12）：11.

[16] 成都科技顾问团. 共建成渝地区协同创新体系的建议 [J]. 决策咨询, 2020（05）：23-27.

[17] 李靖华, 韩莹, 刘树龙. 科创走廊的特点及建设机制研究——以"128 号公路"创新廊道和广深科创走廊为例 [J]. 创新科技, 2022, 22（01）：37-47.

[18] 李兰芳, 唐璐, 陈云伟, 等. 全球主要城市群科技创新中心建设经验对成渝地区的启示 [J]. 科技管理研究, 2022, 42（06）：162-169.

[19] 王刚, 孟凡超, 钟祖昌, 等. 国外科学城发展对光明科学城科技治理的启示 [J]. 城市观察, 2021（03）：38-48.

[20] 王凯. 京津冀空间协同发展规划的创新思维 [J]. 城市规划学刊, 2016（02）：10.

[21] 彭芳梅. 粤港澳大湾区及周边城市经济空间联系与空间结构——基于改进引力模型与社会网络分析的实证分析 [J]. 经济地理, 2017, 37（12）：8.

[22] 王承云, 等. 长三角城市创新空间的集聚与溢出效应 [J]. 地理研究 2017, 36（06）：11.

[23] 毕鹏翔, 唐子来, 李紫玥. 创新一体化进程中的长三角城市网络演化——基于技术转移的视角 [J]. 城市规划学刊, 2022（01）：35-43.

[24] 周逸欢, 徐建刚, 高思航. 中部五省区县的经济联系与空间格局研究——基于改进引力模型和社会网络分析法 [J]. 南方建筑, 2021（1）：7.

[25] 周锐波, 邱奕锋, 胡耀宗. 中国城市创新网络演化特征及多维邻近性机制 [J]. 经济地理, 2021, 41（05）：1-10.

[26] 段德忠, 杜德斌, 谌颖, 等. 中国城市创新网络的时空复杂性及生长机制研究 [J]. 地理科学, 2018, 38（11）：1759-1768.

[27] 刘承良, 管明明, 段德忠. 中国城际技术转移网络的空间格局及影响因素 [J]. 地理学报, 2018, 73（8）：1462-1477.

[28] 何喜军, 董艳波, 武玉英, 等. 基于 ERGM 的科技主体间专利技术交易机会实证研究 [J]. 中国软科学, 2018（3）：184–192.

[29] 刘承良, 桂钦昌, 段德忠, 等. 全球科研论文合作网络的结构异质性及其邻近性机理 [J]. 地理学报, 2017, 72（4）：737-752.

[30] 段德忠. 全球重大疫情下的科研合作格局及其演化——以 SARS、H1N1、西非 Ebola 和 COVID-19 研究为例 [J]. 地理研究, 2021, 40（01）：93-108.

[31] 周晓艳, 侯美玲, 李霄雯. 独角兽企业内部联系视角下中国城市创新网络空间结构研究 [J]. 地理科学进展, 2020, 39（10）：1667-1676.

[32] 马海涛. 知识流动空间的城市关系建构与创新网络模拟 [J]. 地理学报, 2020, 75（4）：14.

[33] 李晨光, 张永安. 创新科技政策作用要素及其响应研究述评 [J]. 技术经济, 2013, 32（03）：41-45.

[34] 曾春水, 林明水, 伍世代. 改革开放以来北京科技创新发展历程及经验启示 [J]. 经济研究参考，2019（09）：38-53.

[35] 杰索娃拉, 泰勒. 亚太信息技术园: 地区性数字鸿沟之启示 [M]. 张彬，译. 北京: 北京邮电大学出版社, 2006.

[36] JAFFE A B , HENDERSON T R . Geographic Localization of Knowledge Spillovers as Evidenced by Patent Citations[J]. The Quarterly Journal of Economics, 1993，108（3）：577-598.

[37] FELDMAN M P . The New Economics Of Innovation, Spillovers And Agglomeration： Areview Of Empirical Studies[J]. Economics of Innovation & New Technology, 1999, 8（1）：5-25.

[38] CARLINO G A. Knowledge Spillovers： Cities' Role in the New Economy[J]. Business Review, 2001（4）：17-26.

[39] FURMAN J L , PORTER M E ,STERN S . The Determinants of National Innovative Capacity[J]. Research Policy, 2002, 31（6）：899-933.

[40] BORGATTI S P, EVERETT M G， FREEMAN L C. Ucinet 6 for Windows： Software for Social Network Analysis[M]. Cambridge，MA： Analytic Technologies，2002.

[41] BORGATTI S P, EVERETT M G， JOHNSON J C. Analyzing Social Networks[M]. 2nd Edition. Londonv： SAGE Publications，2018.

[42] BRANDES U. A Faster Algorithm for Betweenness Centrality[J]. Journal of Mathematical Sociology, 2001, 25（2）：163-177.

[43] Blondel V D, GUILLAUME J L, LAMBIOTTE R, et al. Fast Unfolding of

Communities in Large Networks[J]. Journal of Statistical Mechanics: Theory and Experiment, 2008（10）:1000.

[44] LAMBIOTTE R, DELVENNE J C, BARAHONA M. Laplacian Dynamics and Multiscale Modular Structure in Networks [J]. Physics, 2009.

[45] CLAUSET A, NEWMAN M E J, MOORE C. Finding Community Structure in Very Large Networks[J]. Physical review E, 2004, 70（6）： 66-111.

[46] CLEMENTE G P, GRASSI R. Directed Clustering in Weighted Networks： A New Perspective[J]. Chaos, Solitons & Fractals, 2018, 107： 26-38.